CB062290

ginal

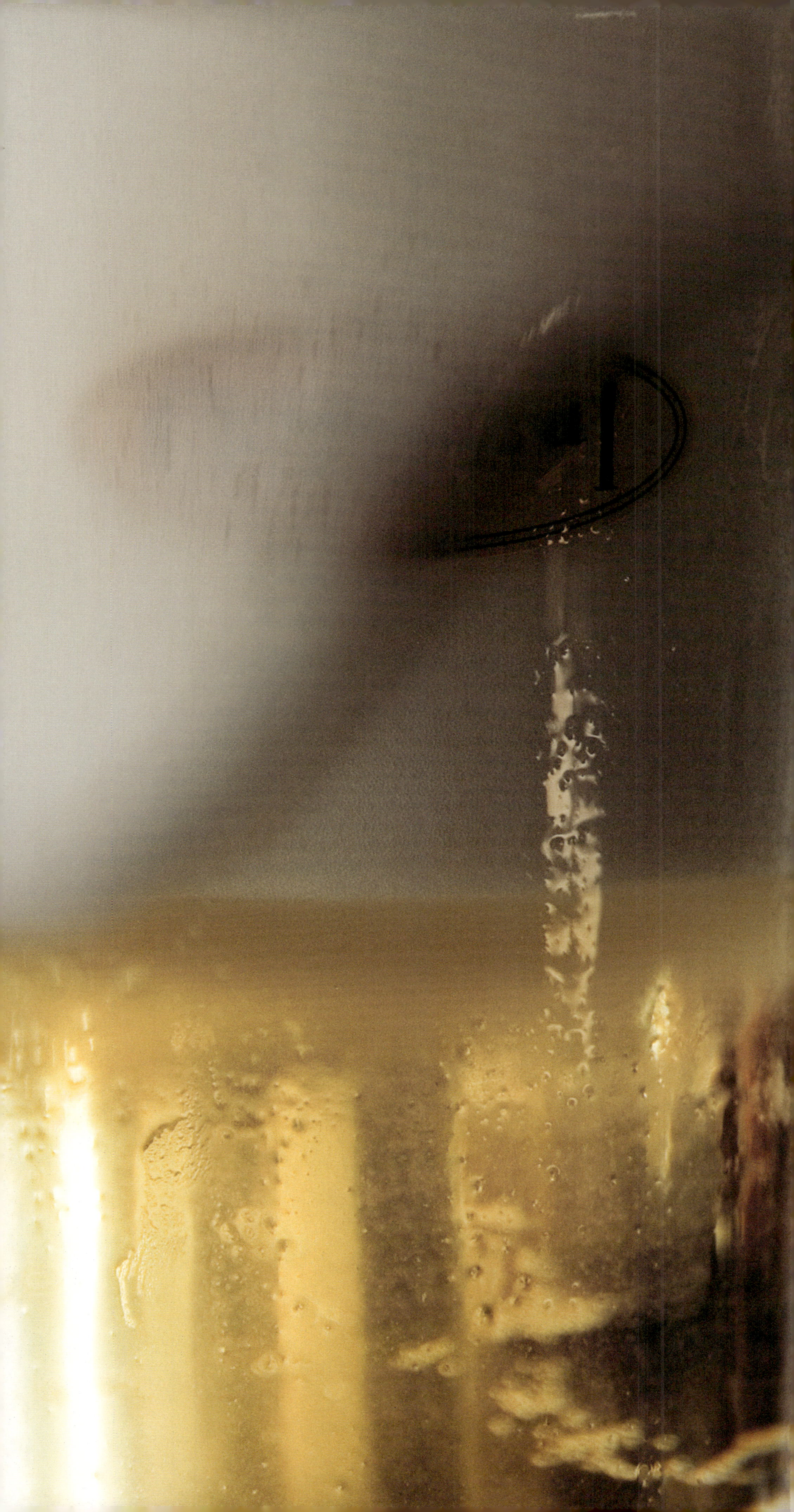

Original

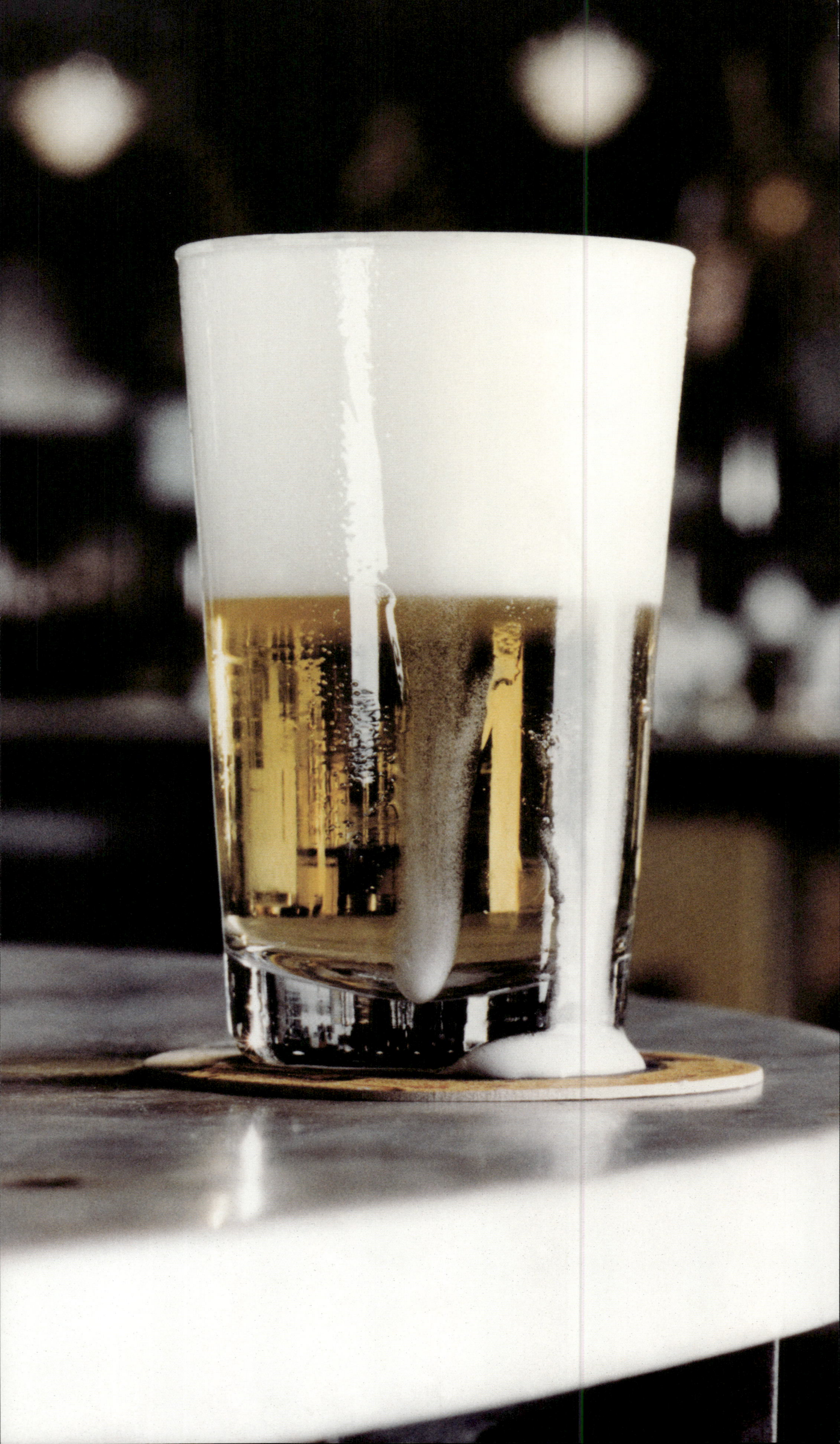

Washington Olivetto
APERITIVO & SAIDEIRA

Nirlando Beirão
TEXTO

Romulo Fialdini
FOTOS

Original
Histórias de um Bar Comum

DBA

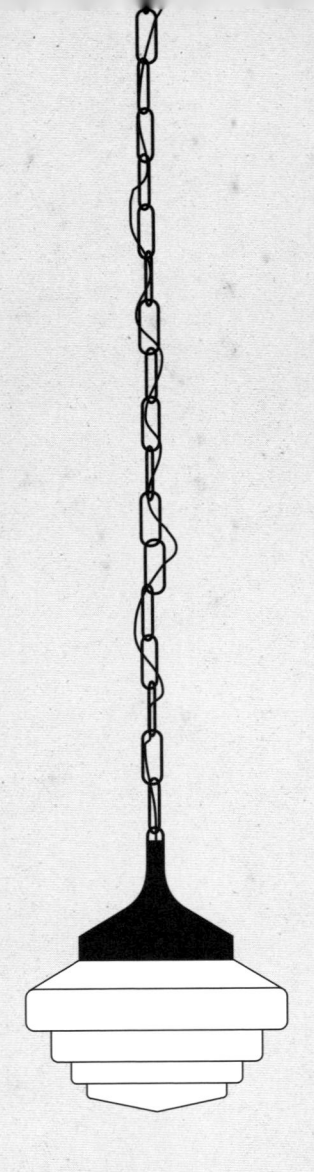

Copyright © 2007 by Bar Original

Reservados todos os direitos desta obra.
Proibida toda e qualquer reprodução desta edição
por qualquer meio ou forma, seja ela eletrônica, mecânica,
fotocópia, gravação ou qualquer meio de reprodução,
sem permissão expressa do editor.

Editora
ADRIANA AMBACK

Projeto gráfico & diagramação
VICTOR BURTON
ANGELO ALLEVATO BOTTINO

Pesquisa de imagem
HILDE HERBOLD

Revisão
NORMA MARINHEIRO

Pré-impressão
Ô DE CASA

Impressão & acabamento
RR DONNELLEY

DBA DÓREA BOOKS AND ART
Al. Franca 1185, cj. 31/32 · 01422-001 · São Paulo · SP · Brasil
Tel.: (11) 3062-1643 · Fax: (11) 3088-3361
dba@dbaeditora.com.br · www.dbaeditora.com.br

DESDE 1995
CIA. TRADICIONAL
DE COMÉRCIO

www.ciatradicional.com.br

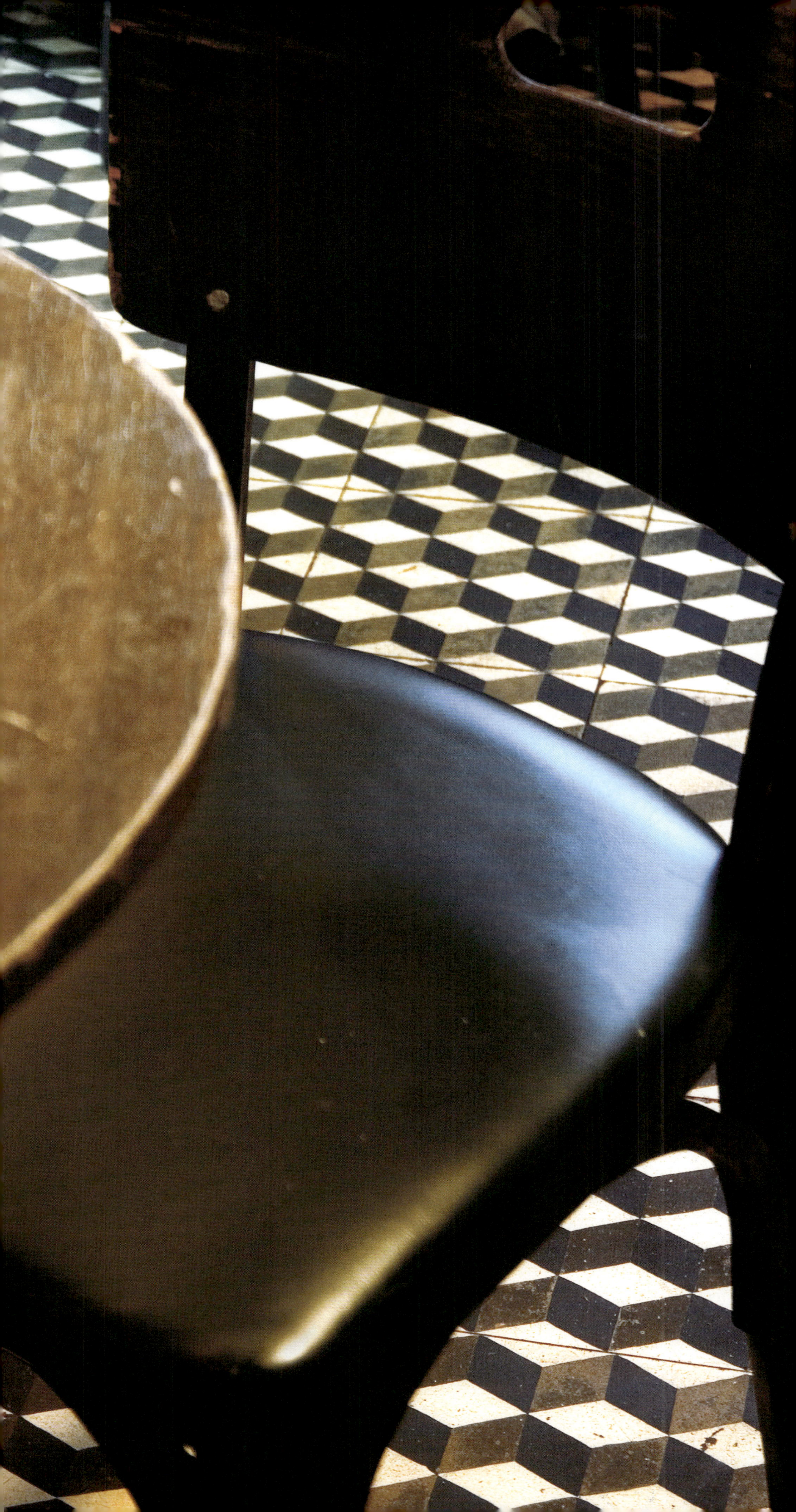

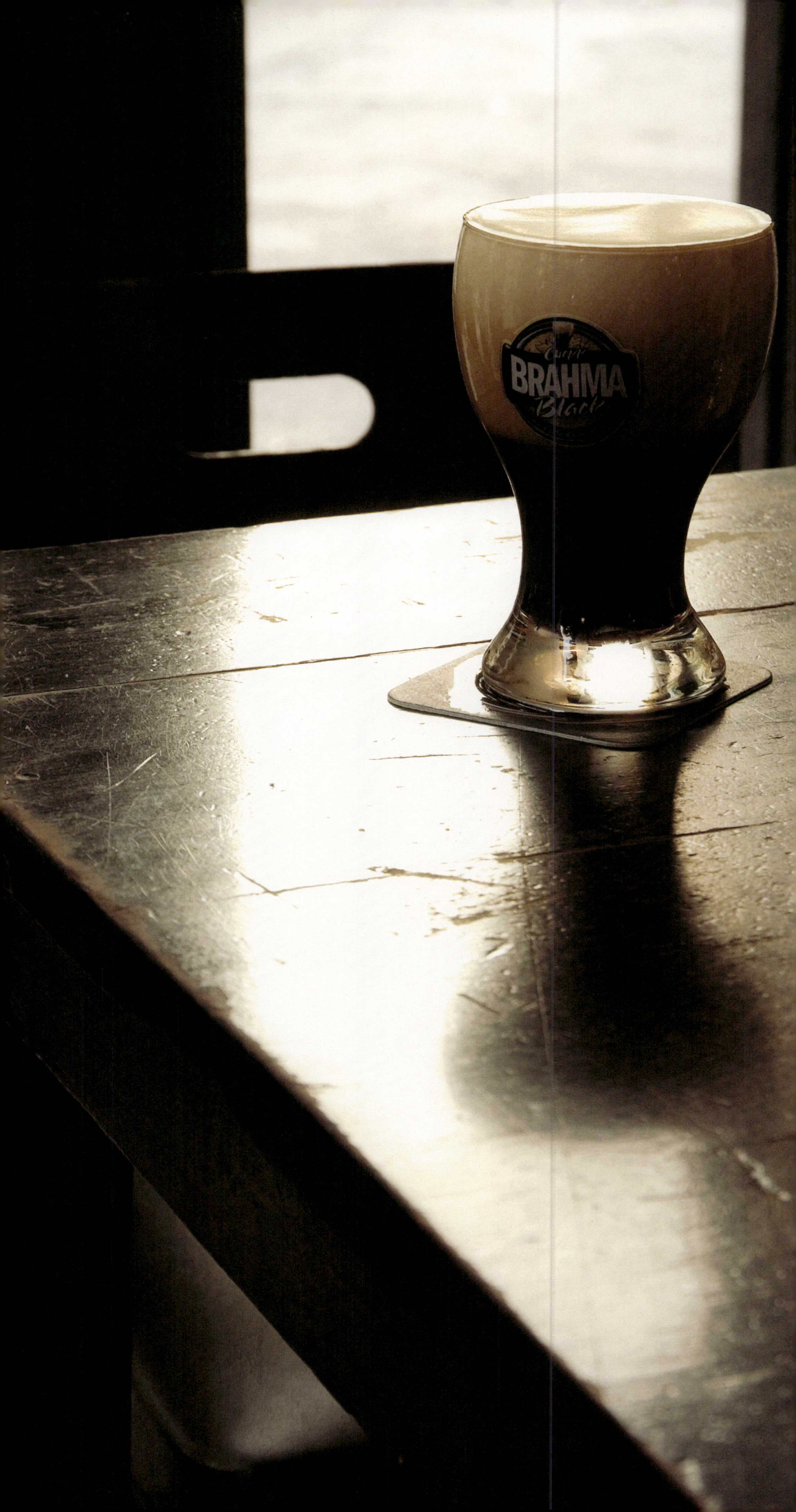
BRAHMA
Black

Paz na terra aos homens de botequim

❃

"Freqüentar um bar onde o dono nunca bebe, equivale a ir a um templo em que o sacerdote não acredita em Deus."
— PAULO PELLOTA

"Fala-se muito (e mal) de Ipanema e do Zeppelin. De vez em quando, algum jornalista novato se sente na obrigação de nos chamar de pseudo-intelectuais e marxistas de botequim. Que eu saiba, não somos nem uma coisa nem outra. Gostamos de beber e de trocar idéias. Temos a nossa nação peculiar, feita de mulheres bonitas e neuróticas e de homens que, por força do hábito, aprenderam a gerir a própria angústia como se esta fosse um armazém de secos e molhados. A flor que nós cultivamos, e que se quer indestrutível nas tempestades e debaixo dos sóis de Ipanema, chama-se amizade. O meu melhor amigo, quando bêbado, me diz os mais pesados insultos, e eu o perdôo. Somos solidários na dor-de-cotovelo, e colocamos a amizade acima da mãe e do pai, da igreja e do país [...]. Outra coisa: quando um companheiro chega acompanhado de uma namorada nova, sentando-se no canto discreto do bar, nenhum olho pisca nas mesas, mão alguma se ergue para reconhecê-lo."
— JOSÉ CARLOS DE OLIVEIRA, na coletânea *O Rio é assim*

"Até na Santa Ceia todos sentaram-se à mesa e tomaram vinho – o único que não quis tomar nada e saiu mais cedo foi bem sóbrio receber os trinta dinheiros."
— PAULO PELLOTA

"Quem realmente acredita na ressaca não tem ressaca."
— KINGSLEY AMIS, em *On drink*

"Beber e bater papo são duas artes com grandes afinidades entre si. E o melhor lugar para exercitá-las é o botequim. Há um consenso entre os grandes praticantes de que o bar, feito exclusivamente para beber e conversar, é o ambiente onde essas artes evoluem com notável fluência. Fluência que é percebida nas mesas de profissionais, gente que leva a sério o supremo ofício de rir e conversar."
— PAULO PELLOTA

KEEP WALKING

Johnnie Walker

Johnnie Walker
Todo o sabor do scotch whisky mais celebrado do mundo

❦

A história de Johnnie Walker começou em 1820 com o expert em *blends* de chá John Walker, numa pequena loja na cidade de Kilmarnock, Escócia, onde também eram vendidos uísques *pure malt*. O patriarca, ao notar a preferência de seus clientes por certas marcas, começou a misturar vários maltes, na tentativa de fazer uma bebida que fosse apreciada pelo maior número possível de pessoas. Essa experiência o levou a criar Old Highland Whisky, primeira marca da família.

Black Label foi criado em 1867 por Alexander Walker, filho de John, mediante a combinação de cerca de quarenta dos melhores maltes e uísques de grãos escoceses, envelhecidos por, no mínimo, doze anos. Juntos, eles compõem uma bebida única, com quatro sabores e aromas predominantes: baunilha, frutas fresca, frutas encorpadas e aromas da terra (a famosa turfa). As gerações seguintes da família Walker se encarregaram de dar continuidade ao sonho de John e Alexander, aprimorando os *blends* de Black Label e buscando ganhar novos mercados.

Em 1920, Johnnie Walker Black Label já era distribuído em mais de 120 países e possuía uma qualidade inigualável. Toda essa trajetória de superação e conquistas da família Walker transformou Johnnie Walker Black Label no scotch whisky doze anos mais consumido no mundo.

George e Alexander Walker, filhos de John, perceberam a oportunidade de desenvolver uma marca global no início do século 20. Foi então lançado, em 1909, Johnnie Walker Red Label. Em 1920, a marca já estava em 120 países.

Johnnie Walker Red Label é uma combinação poderosa de maltes picantes e defumados e com grãos marcantes e suaves. Suas qualidades robustas o tornam conhecido como o *blend* vibrante, isto é, a melhor opção para celebrar as conquistas pessoais dos consumidores da marca. No aroma, Johnnie Walker Red Label é discreto e fresco, com toques de baunilha e um marcante malte defumado. No paladar, é suave e levemente doce com muito malte defumado, balanceado por toques de baunilha adocicada. Inigualável, sua composição possui mais de 35 maltes – entre os quais o Talisker e o Cardhu –, que fazem deste, o *blend* mais vendido e reconhecido em todo o mundo.

A grande novidade do Johnnie Walker Red Label, feita especialmente para o Brasil, foi a criação dos drinques Johnnie Walker Red Mix, uma deliciosa combinação desse scotch whisky com frutas selecionadas. Maracujá, caju, uva Niágara, frutas vermelhas, tangerina, lima-da-pérsia e água de coco são as combinações sugeridas pelos mais festejados *bartenders*.

SMIRNOFF

Triple Distilled VODKA
No 21

Smirnoff
3 x destilada, 10 x filtrada

❦

A vodca Smirnoff foi lançada em Moscou em 1818. Em 1886, Smirnoff foi anunciada como provedora oficial da corte imperial russa. Em 1917, com a Revolução Russa, a destilaria foi confiscada pelo governo. Um dos herdeiros, Vladimir Smirnoff, fugiu para Paris e começou a difundir a marca no continente europeu. Em 1933, a marca foi lançada nos EUA, onde ocorreu a primeira produção de Smirnoff fora da Rússia.

O lançamento de Smirnoff no Brasil ocorreu em 1974, e, em 1996, iniciou-se a importação de Smirnoff Black. Em 2000, Smirnoff lança no Brasil o RTD Smirnoff Ice, inaugurando essa categoria no país. Smirnoff Twist é lançada no país em 2004; e Caipiroska, em 2005, aumentando o portifólio Smirnoff.

Smirnoff está presente em mais de 130 países, sendo o destilado mais vendido no mundo e a marca líder da categoria no Brasil.

A marca Smirnoff é de propriedade da Diageo, líder mundial no mercado de bebidas premium que também detém a propriedade das marcas Johnnie Walker, Guinness, Baileys entre outras.

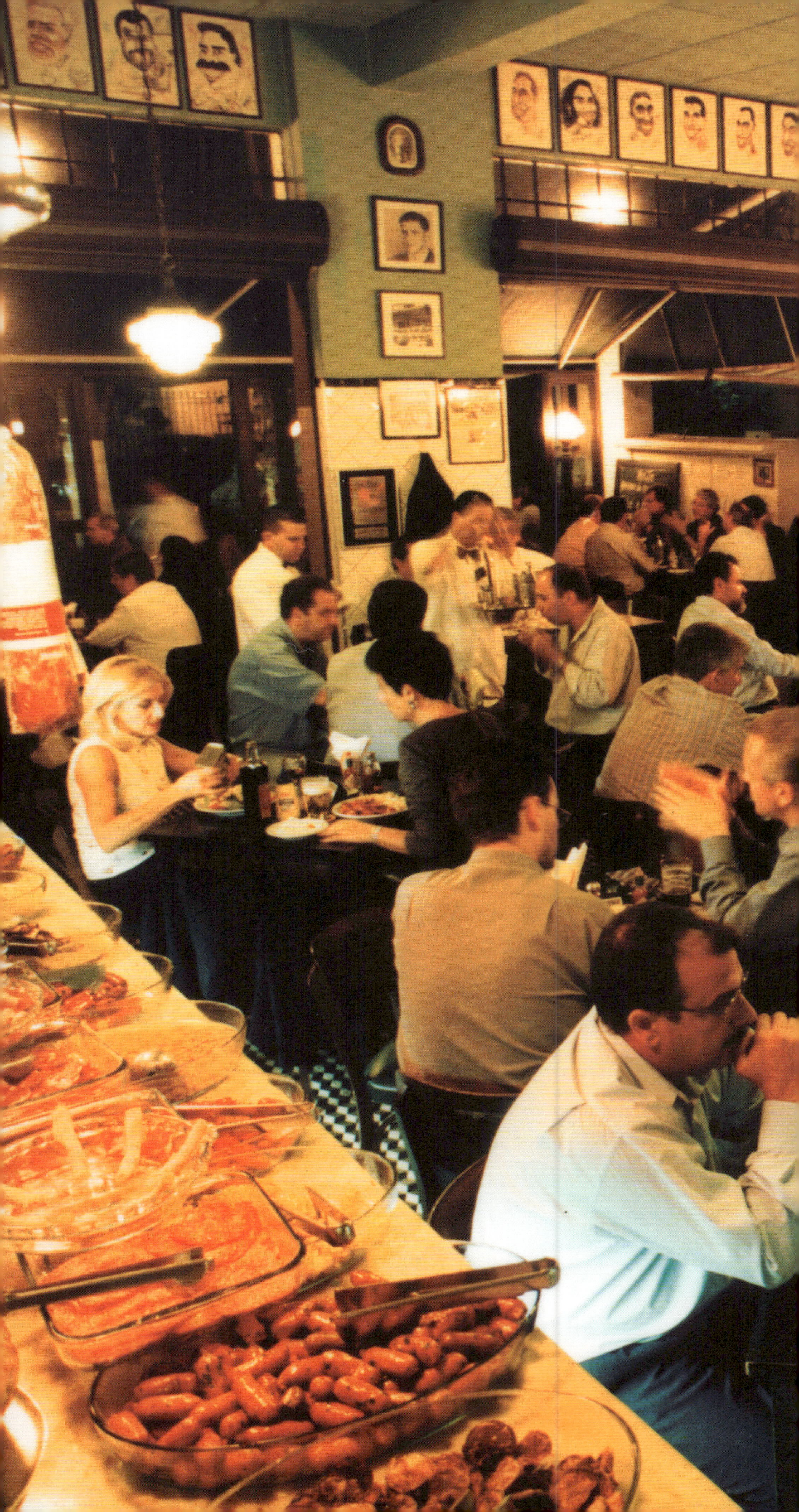

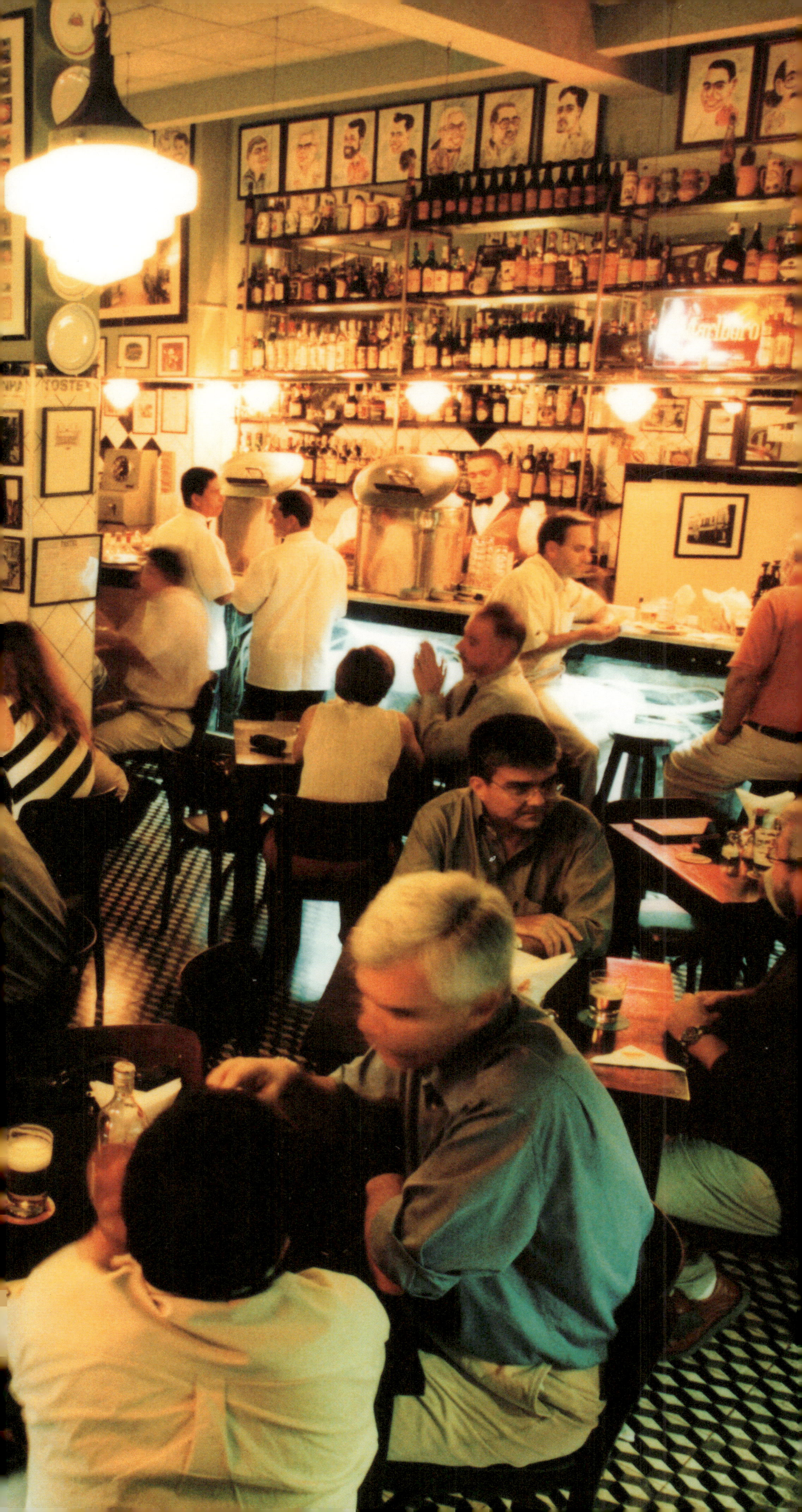

Ori

ginal

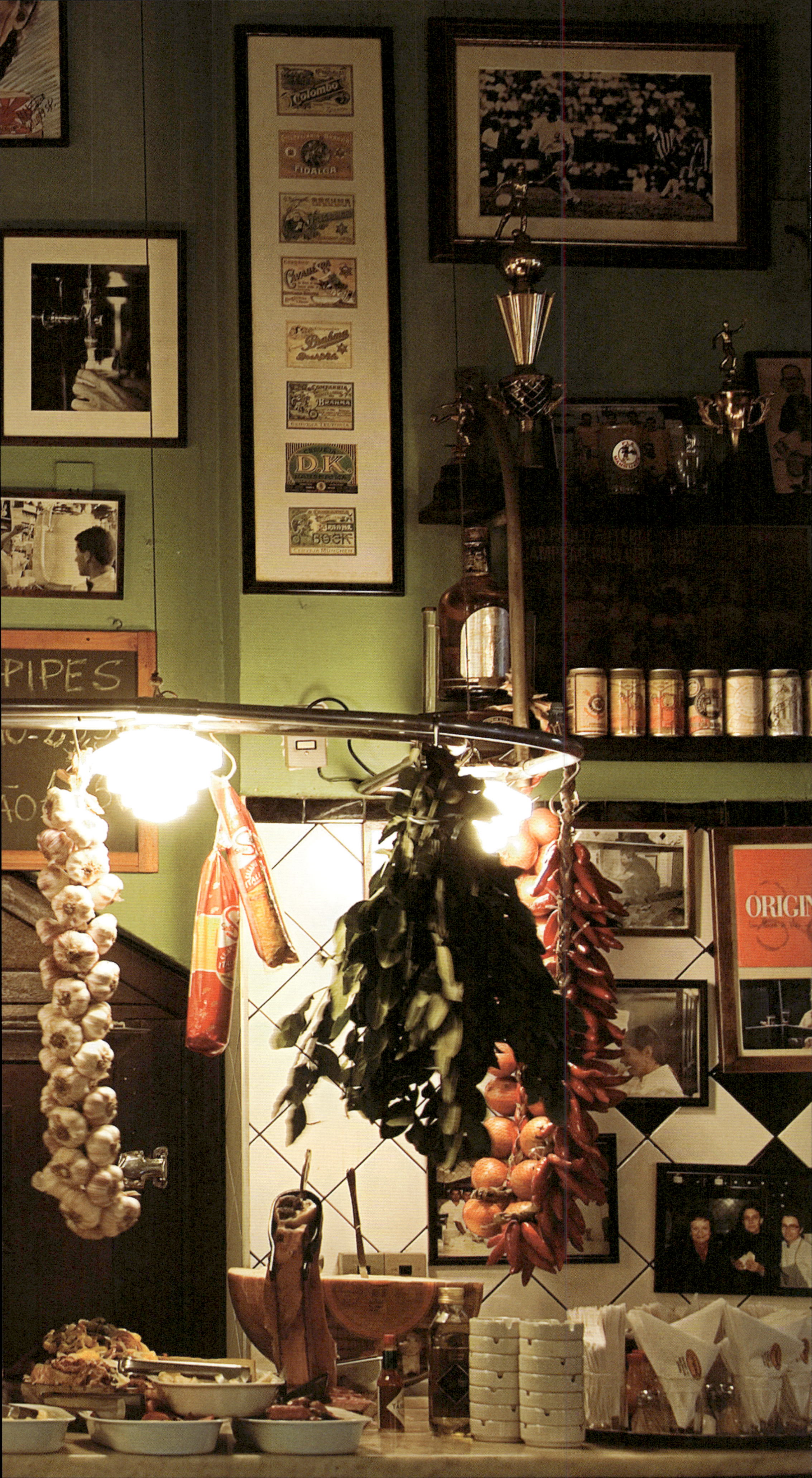
Colombo
FIDALGA
BRAHMA
D.K.
BOCK
PIPES

Sumário

DE ESTRADAS, SONHOS E BARES DO BEM 23
Edgard, Sergio, Mario, Ricardo e Fernando, do Original

APERITIVO 29
Washington Olivetto

BAR TAMBÉM É CULTURA 33
São Paulo e os tesouros da tradição 38
Romaria aos lugares santos 45
Ipanema é um botequim 54
Veneza abre o bar 65
Hemingway encontra sua geração 70
Pubs, cafés e zincs 74
A patrulha moral 81
A América das duas medidas 85
Me serve mais uma, Sam 89

SILÊNCIO, HOMENS TRABALHANDO 93

O PROFISSIONAL DO PRAZER 99

COMIDINHAS 105

OS DEZ MANDAMENTOS DO CHOPE 123

SAIDEIRA 127
Washington Olivetto

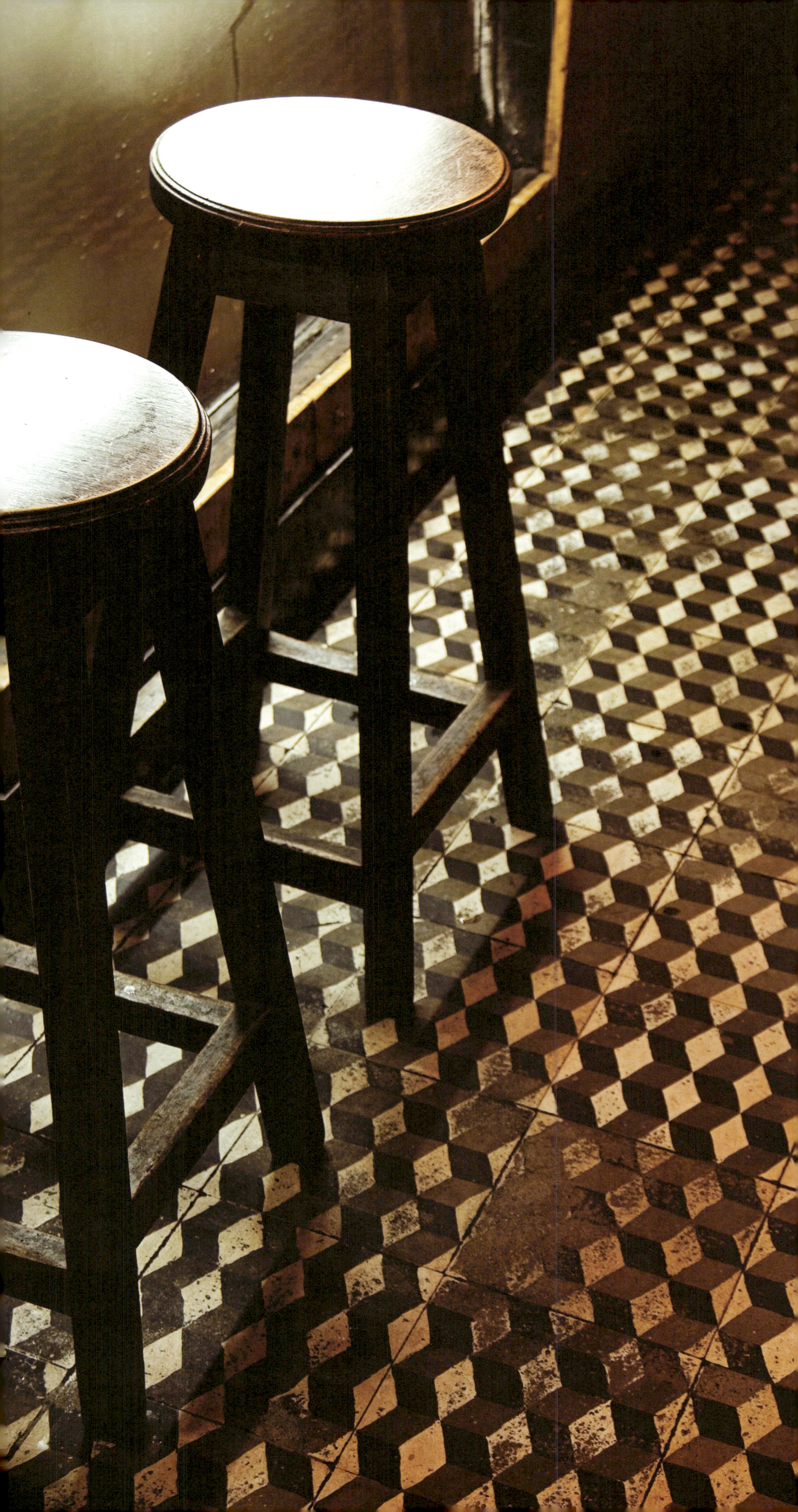

De estradas, sonhos e bares do bem

❦

Pra falar de estradas, falemos logo da vida, esta estradona cheia de mistérios e surpresas. Estávamos nós andando por ela, calmamente, numa reta daquelas, previsível, cheia de buracos e miragens, caminho solitário, engravatado, enfadonho e, mais grave, desprovido de vista para o horizonte... Íamos nós cinco – Edgard, Sergio, Mario, Ricardo e Fernando –, seguindo meio a contragosto, freio de mão puxado, pára-choque duro, todos no mesmo sentido, mas em pistas diferentes. Eis que de repente nos apareceu uma placa invisível: BOTEQUIM, VIRE À DIREITA. Viramos.

Lá pelo meio da década de 1990, éramos cinco marmanjos à procura de um sonho dito juvenil: trabalhar com paixão. Tínhamos uma vontade honesta de construir coisas bonitas, que encantassem a nós e a nossos amigos. Queríamos fazer coisas inteligentes, que fizessem o mundo a nossa volta um pouco melhor. Curtíamos gente e queríamos que gente bacana curtisse nossas idéias. Sonhávamos ser felizes e, desse modo, distribuir por aí um pouco de felicidade. Estávamos unidos para criar algo do bem. Simples assim.

Mas que "algo" é esse, gente boa? Que "bem" é esse, gente fina? Não tínhamos a menor idéia, meu camarada, mas, como gostávamos do esporte, resolvemos discutir o tema como fazem os bons amigos, sentados à mesa de um bar, brindando e sonhando, bebendo e sonhando, sonhando e sonhando... Foram uns dois anos sonhando aos sábados, durante rotas alcoólicas e petisqueiras, de preferência com três largos dedos de cremoso colarinho. Num sábado íamos ao Jacaré, noutro íamos ao Léo, noutro ao Elídio, ao Jabuti, depois à Juriti, de volta ao Léo, com um pastel no Pandoro, uma rã no Parreirinha, uma gelada no seu Luís, no Bar do Jóia, no Paraíso do Chopp, no Frangó, no Peru's, um alô pro Wander no Ilhabela, pro seu Manoel no Dois Irmãos, no Konstanz, mais chopes no Léo. Éramos sempre muito felizes aos sábados!

Ricardo, Fernando, Edgard, Sergio e Mario

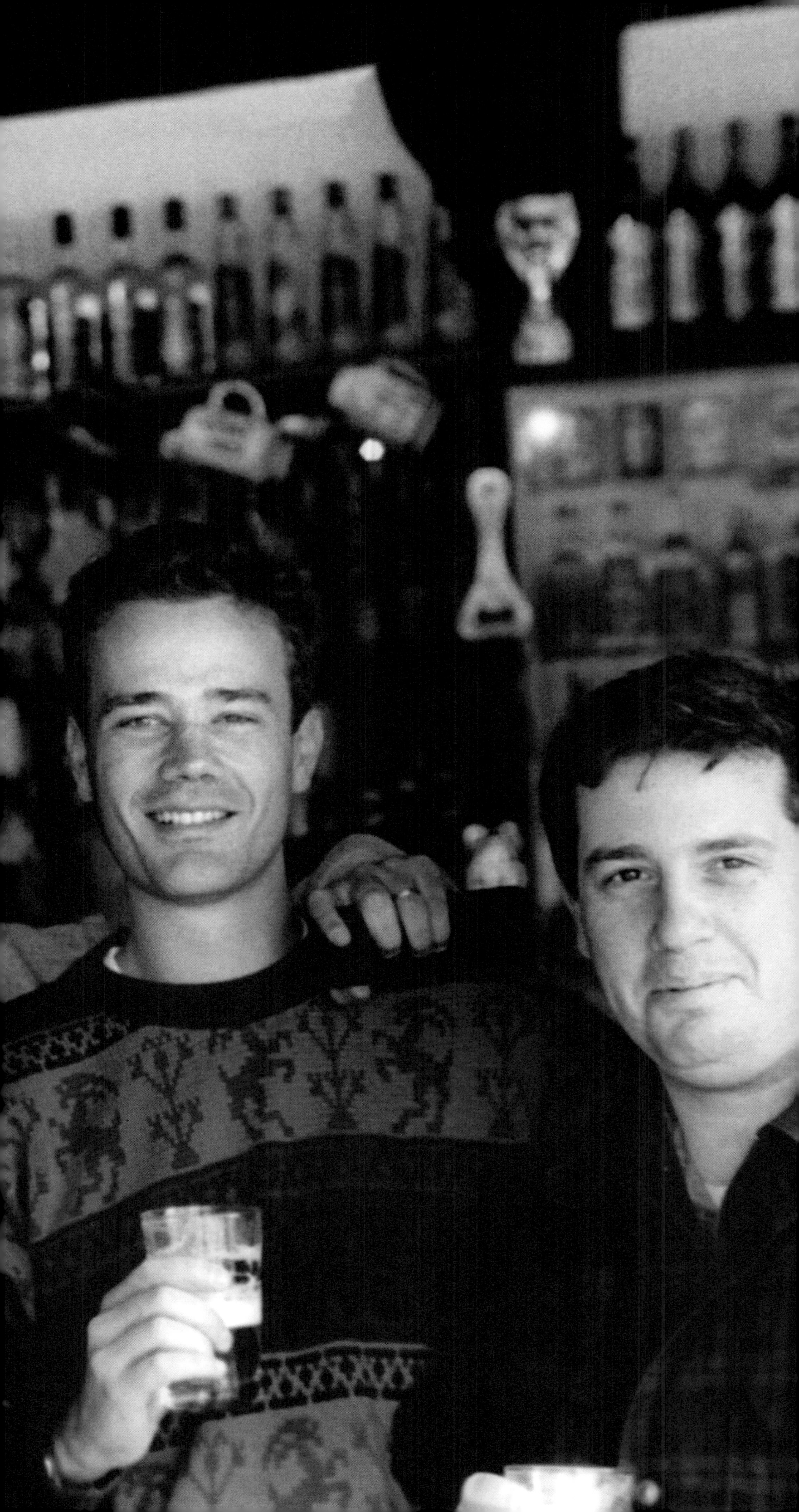

Dizem por aí que há deuses, anjos e santos de sobra para proteger boêmios. Lendas à parte, conosco as entidades foram cooperativas e benevolentes ao extremo. Não só sobrevivemos ao périplo, como, entre copos e taças, numa já tradicional tarde de sábado, ingênua e vagabunda, num bar de boa procedência, a tal placa invisível caiu sobre nossas cabeças: BOTEQUIM, VIRE À DIREITA. Era isso: nosso sonho viraria realidade se construíssemos um lugar que reunisse todos os prazeres essenciais, transcendentais e metafísicos que beliscávamos e praticávamos aos sábados. Simples assim. Esse lugar era um botequim.

Daí pra frente, foi só espremer tudo de mais saboroso e temperado que tínhamos comido, destilar tudo de mais fermentado e alcoólico que tínhamos bebido e resenhar todo um bate-papo de anos em mesas de bar. Botamos em pratos limpos aquilo que tínhamos vivido em tardes e noites oníricas do mais básico prazer terreno. O sonho agora tinha cara, coração e nome, um botequim de chope chamado Original. Sua morada veio logo a seguir, trazida por mais um daqueles santos, este de nome Antônio, que nos deixou numa pacata rua de Moema uma venda de secos e molhados velhinha em folha, igualzinha à do nosso sonho.

No dia 29 de agosto de 1996, parentes, amigos, vizinhos, anjos, arcanjos, santos e gaiatos em geral deram uma passada na rua Graúna. Cada um deixou uma lembrança, um voto, uma palavra, uma prece, e o Original naturalmente nasceu. Era um bar simples, alegre, de verdade, era um botequim brasileiro. "O mais comum dos bares", sentenciou o mestre Elifas. Um bar que contava a história de todos os bares pelos quais passamos. "Um bar de esquina no meio de um quarteirão", profetizou um cliente de primeira hora. O que não sabíamos era que essa mistura de valores e sentimentos meio fora de moda, regada com um chope divinal e pitadas de carinho nos microdetalhes, ia fazer história. O Original virou sucesso, referência e tendência.

Onze anos depois, nosso sonho de contar histórias ainda não acabou. Encontramos pela estrada mais um daqueles santos-amigos-anjos-gaiatos, este de nome Nirlando, gourmet de palavras, embriagado de idéias, sedento pra conversar sobre bares. Juntamos os trapos, batemos os copos e entornamos este *Original, histórias de um bar comum*. Nirlando saiu do Original e viajou pelos grandes bares do mundo. Uma honra para o nosso boteco ser ponto de partida desse passeio, um deleite para todos nós que não temos sete vidas pegar uma carona para conhecer esses infindáveis templos da alegria sem fronteiras. E, no meio dessa *good trip*, como talvez ele mesmo dissesse, navegando entre martínis, bellinis e Schinits, papeando com Hemingway, Noel e Jaguar, flanando entre o Florian, o McSorley's e o Lamas, Nirlando nos brindou com uma nova placa invisível e dourada, que resolvemos fixar para sempre na fachada do nosso Original: BAR É DO BEM, escreveu ele, lá pelas tantas. Por essas e outras, esta é mesmo a nossa estrada. A gente se vê.

— EDGARD, SERGIO, MARIO, RICARDO
E FERNANDO, DO ORIGINAL

ETISCOS
SANDUÍCHES
COMIDINHAS
CHOPP
BEBIDAS
APRECIE COM MODERAÇÃO
Original
is comum dos bares.
Original

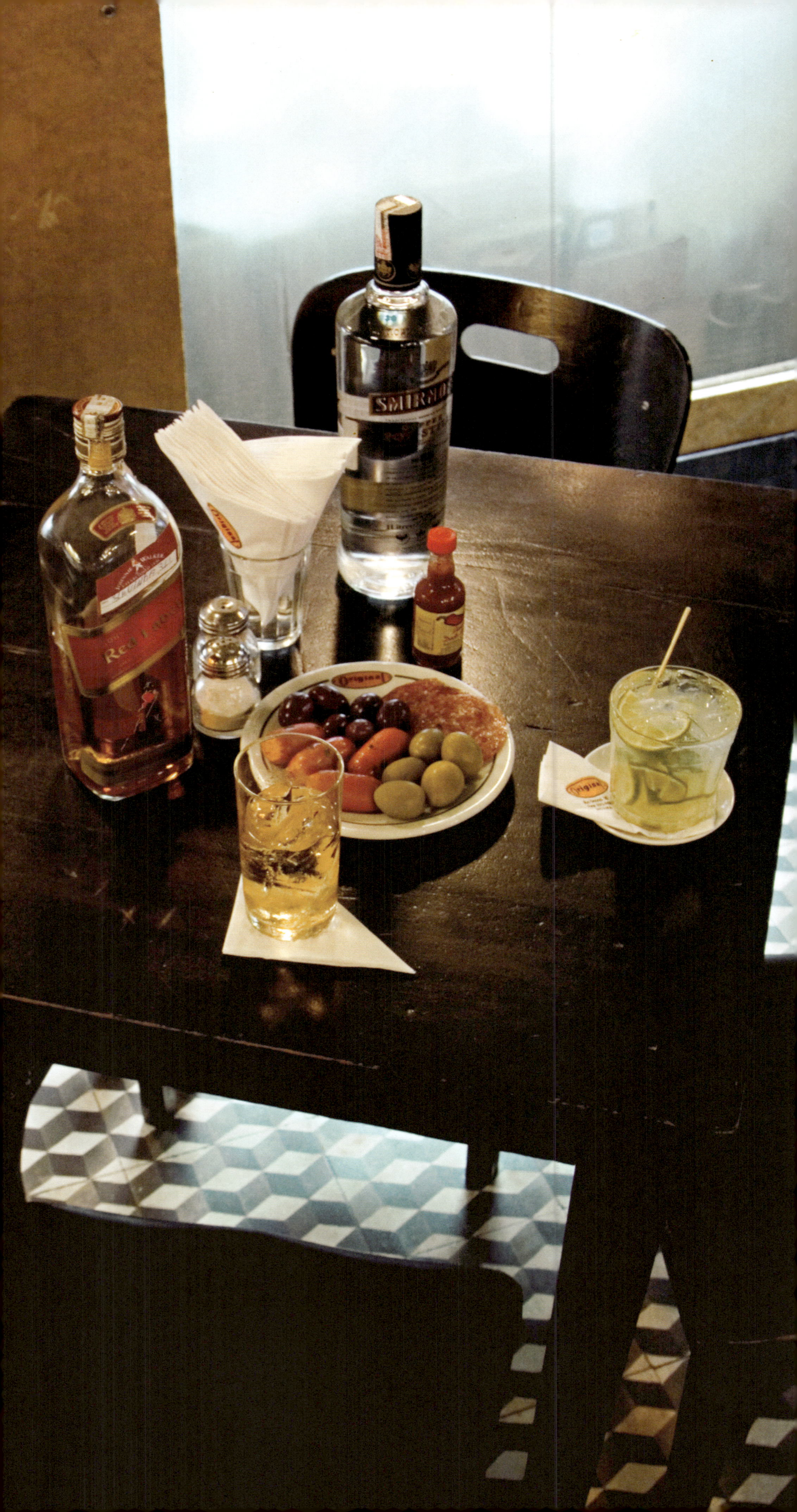
Original

Aperitivo

Poucos brasileiros, quando ouvem o nome Joyce, se lembram do James.

Muitos brasileiros, quando ouvem o nome Joyce, se lembram da Pascowitch.

Mas são raros os brasileiros que, quando ouvem o nome Joyce, se lembram dos dois.

Nirlando Beirão é um deles.

Especialista em cerebridades e celebridades, interessado na alma humana em geral e no corpo feminino em particular (desculpe, d. Marta), Nirlando trafega entre o erudito e o popular, o teórico e o prático, o essencial e o supérfluo com a mesma naturalidade com que pede um chope ou um Pétrus, uns pastéis ou umas ovas de esturjão.

Difícil, portanto, imaginar alguém mais adequado para preparar um coquetel de informações tão delicioso como este *Original, histórias de um bar comum*.

Mais do que um livro sobre bares, esta originalíssima obra é um livro sobre pessoas que fizeram livros, canções, quadros, filmes, gols, história, vida.

Com misturas na dose certa do Harry's Bar de Veneza com o Elídio Bar da Mooca. De Jean-Paul Sartre com Ismael Silva. De Isadora Duncan com Leila Diniz. De carpaccio do Cipriani com bauru do Ponto Chic. De São Paulo com o Rio. De Nova York com San Francisco. De Oscar Wilde com Hugo Carvana. De Ipanema com Vila Madalena.

Original, histórias de um bar comum é a precisão do melhor jornalismo com o estilo da melhor literatura. Nutriente de qualidade para o lado carochinha que todos nós gostamos de exercitar nas nossas conversas.

Só não vou me alongar mais falando do livro porque ele fala, come, bebe e fuma por si só.

A única coisa que devo acrescentar a este aperitivo é que até Joyce, o James, está aqui impresso, com sua invariável taça de Fendant de Sion.

E até Joyce, a Pascowitch, certamente vai ler. E recomendar aos amigos.

— WASHINGTON OLIVETTO

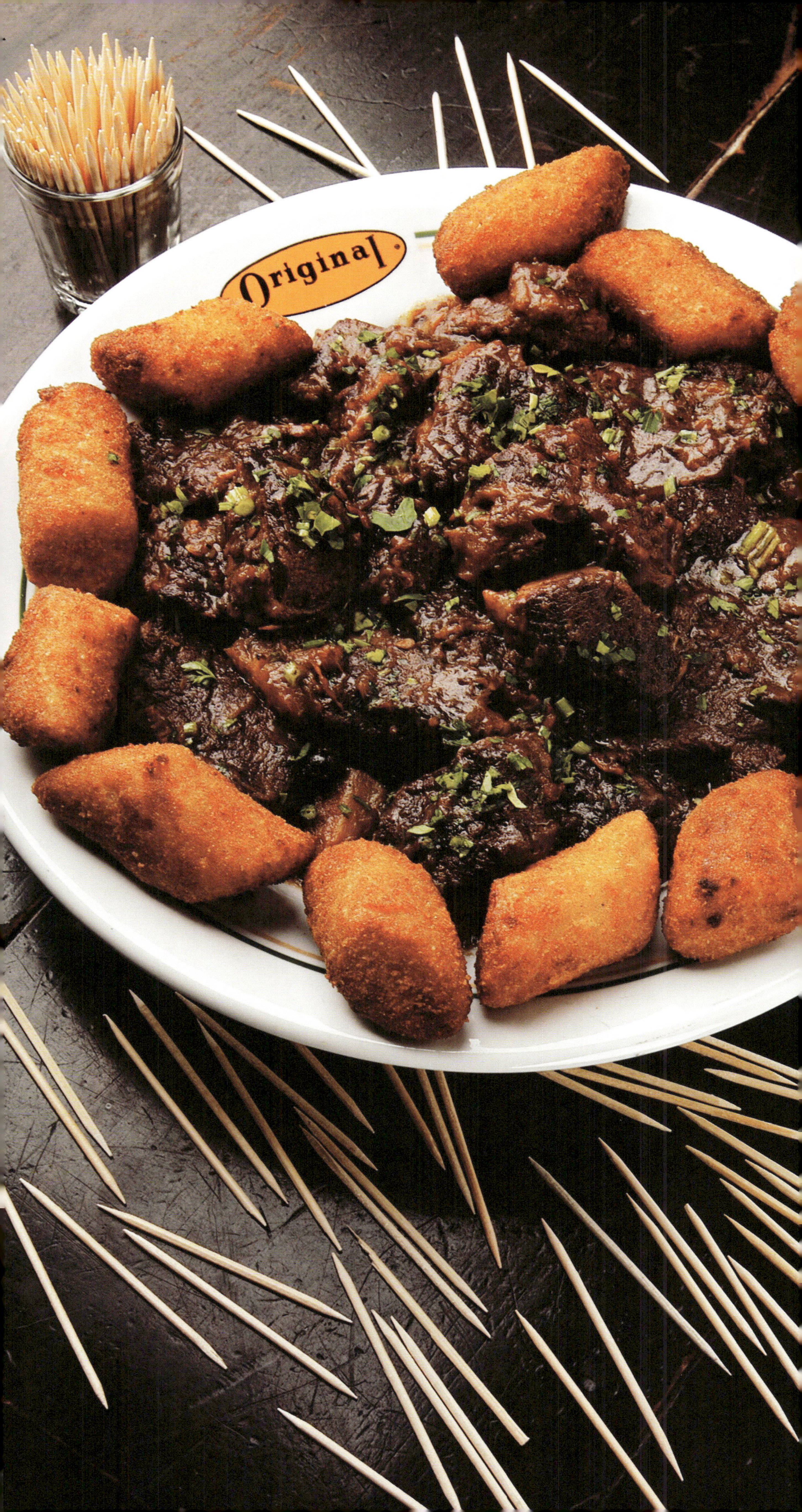
Original

*Caffè Florian: a primeira vez em que os "esprits" recendem a álcool.
Italico Brass, Al Caffè Florian (detalhe), c. 1911.
Óleo sobre tela, 72,5 x 92 cm.
Coleção particular*

Bar também é cultura

Bar é igual a coração de mãe: sempre cabe mais um. Gentil batalha de empurrões e cotoveladas em que não há, porém, perdedores, já que a recompensa espera sorrindo no colarinho do chope bem tirado, nos salgadinhos recém-saídos do forno.

É, como nas domingueiras das famílias tradicionais, aquela gritaria de muitos decibéis, barafunda enganosa, já que muito bem organizada, brindando, noite após noite, a inebriada sensação de uma cordialidade afetuosa. Confraria que prescinde de nome, diploma e pedigree. O mundo lá fora pode ser hostil e sem graça; aqui dentro, no bar, vigora o código caloroso de uma fraternidade universal segundo a qual todos são iguais perante a lei, quer dizer, perante o garçom.

Bar, botequim, boteco, pub, café, tasca, birosca, petisqueira, bodega, taberna, cervejaria, cabaré, saloon – não importa o título, o lugar, a categoria nem a hierarquia, é o espírito democrático que sempre preside as libações, na generosa presunção de que, até prova em contrário, todo mundo ali é bom sujeito. De vez em quando, rola um bate-boca, arrufo de marido e mulher, ciumeira ou animosidade. Mas no trânsito ou nos estádios de futebol, por exemplo, os bafafás são sempre mais violentos – e, no caso do bar, quando um desentendimento aflora, logo surge na mesa vizinha a santa criatura capaz de, com um afago na cabeça ou um abraço dissuasório, atenuar a carência desagradável de um sujeito mais borracho.

Se botequim tem etiqueta, o item número 1 há de ser este: vale tudo, ou quase tudo, menos derrubar o chope do vizinho. Os boêmios dizem amém.

É, e, se não houvesse boteco, onde é que a gente ia tomar o chopinho? Mais de um século atrás, o erudito francês J-K. (Joris-Karl) Huysmans (1848-1907) já se inquietava com esse dilema extremamente filosófico. Em casa é que não que dá – apressava-se Huysmans (autor de *Les habitués du café*). "Quando consumidas em algum lugar que não sejam os cafés, certas bebidas apresentam a particularidade de perder o sabor, o gosto, a razão de ser", dissertava o precursor de Jean-Paul Sartre, outro boêmio incorrigível.

Naquela densa paisagem humana perfilada à mesa dos grandes bulevares, diante do vermute de dois *sous* ou da "fada verde", o absinto, que enlouqueceu dândis e cocotes da Belle Époque, Huysmans descortinava mil e uma motivações. Havia os fanáticos do bate-papo. Os jogadores de gamão e carteado. Os comilões. Os solteiros. Os "cultores do deus tabaco". Os que vão filar o tablóide vespertino. Os poetas de guardanapo. Os anarquistas. Os alcagüetes da polícia. Os que meramente se refugiam dos aborrecimentos de um lar "onde o jantar nunca está pronto ou onde a mulher se descabela por cima de um filho que chora".

Bar e lar têm como que uma complementaridade ambígua, às vezes contraditória – além, é claro, de servirem, desde Noel Rosa, cigano das madrugadas, de rima fácil para o samba popular. Sem bar, aliás, não existiria Noel, nem Ismael Silva, nem Wilson Batista, nem Pixinguinha, nem Cartola, nem Nelson Cavaquinho, nenhum dos bambas da Lapa, da Vila e de Oswaldo Cruz; não existiria a poesia de Vinicius de Moraes, nem a inspiração de Tom Jobim; não existiria a Bossa Nova, nem a melhor MPB.

Os desafinados e os tímidos nem por isso precisam se intimidar. Boteco de responsa não discrimina por talento, credo nem atitude. Nesse microcosmo eclético, um concentrado de tipos únicos e múltiplos, amostra colorida de todo o acervo da zoologia humana, não é todo mundo que está ali para "entrar no clima", para se jogar na cacofonia eufórica de filme do Hugo Carvana – com aquela cena repetitiva do bebum clássico reivindicando, aos berros, "Toca 'Babalu'!".

O recato e o silêncio podem ser igualmente bem-vindos. Quando o habituê se encafua lá na mesa de fundo, sozinho ou com a namorada nova, economizando, em gestos curtos, frases longas, ele sabe que estará ao abrigo da Constituição não-escrita da nação boêmia, naquele parágrafo que assegura que, querendo o freguês, ele seja deixado em paz.

No espaço compreendido entre a extroversão e o silêncio, trafegam os sussurros de amor e os murmúrios das conspirações. Bares e cafés literários funcionam como estufa de revoluções nem sempre consumadas, estéticas, artísticas e políticas, e não chega a ser surpresa saber que Vladimir Ilitch, o Lênin, saiu direto do Odéon de Zurique, em novembro de 1917, para o vagão lacrado que, depois de ter atravessado a Alemanha, depositou-o na estação Finlândia, no coração da São Petersburgo sublevada pelos bolcheviques.

Bom exemplo: durante a Primeira Guerra, Zurique e seus cafés agasalhavam, além de Lênin, uma versátil vanguarda de exilados. Os dadaístas – embevecidos pela verve do guru Tristan Tzara – tornaram lendário o Cabaret Voltaire, que ficou depois entregue às traças e baratas, mas que foi restaurado e reaberto em 2005, com todas as fanfarras, agora para deleite de multidões de japoneses com máquina fotográfica a tiracolo.

Pode ter acontecido que, em certas noitadas do Voltaire, tenham respirado aquele mesmo ambiente de álcool, complô e fumaça – sem

Noel Rosa: "seu garçom, faça o favor de me trazer depressa..."

Isadora Duncan: uma bailarina entre conspiradores, em Zurique

se conhecerem uns aos outros – Lênin, o pintor Hans Arp, o pensador Elias Canetti, a bailarina Isadora Duncan e o escritor James Joyce. A invariável taça de Fendant de Sion sublinhava ainda mais a melancolia de Joyce. O cara ficou tão viciado que, mesmo quando voltava para casa, na Irlanda, dispensava aquela capitosa cerveja preta de Dublin e, para perplexidade dos seus companheiros de bochechas rosadas, ia de vinho branco suíço.

Pela implacável contabilidade da vida, para cada obra-prima gestada entre copos de cerveja há uma infinidade de filmes, romances, poemas, canções que jamais transitarão do gogó para a realidade, mil intenções ilusórias que, encerrado o expediente da noite, com a ressaca do dia seguinte já à espreita, não terão a menor chance de se encontrar com o papel, o celulóide nem o vinil.

Não importa. Basta ao bar o mérito de aquecer os talentos e produzir fantasias, como se fosse a mãe prestimosa de todos os sonhos e projetos. De todo modo, se você mergulha numa daquelas caves úmidas do Quartier Latin, em Paris, não dá para não perceber que só dali podiam brotar o existencialismo e as olheiras negras de Juliette Gréco, sua musa sussurrante. Bicar um cappuccino e um amaretto no Caffè Trieste, no bairro italiano de San Francisco, é como estar à mercê de metralhadoras mafiosas que, mais cedo ou mais tarde, deverão aparecer. Aí, o garçom informa: na mesa mais escondida, Francis Ford Coppola rascunhou o *Chefão* número 1.

"A flor indestrutível que nós cultivamos [*nos bares*] chama-se amizade", escreveu Carlinhos Oliveira (1934-86), o cardiologista sem diploma do coração boêmio, um capixaba de berço, mas carioca da gema no que diz respeito ao chope, ao uísque e às damas da noite. Debruçado na calçada do Antonio's, Carlinhos generalizava a predisposição afetiva que existia também do Zeppelin, do Velloso, do Degrau, do Lamas, da Colombo, em tantos e tantos nichos de uma mitologia carioca decorada de azulejos, painéis, ginga e borogodó – universo que vai de cafés literários com muita panca a mafuás avessos à vassoura, onde o malandro sem camisa, para apreciar a paisagem, encosta literalmente o umbigo no balcão.

"Entre nós", anotava o cronista, "há reacionários que de bom grado beberiam o sangue de Fidel Castro. Embora, verdade seja dita, a maioria seja de fato progressista, e até levemente socialista. No bar não se discute política e não se fala mal da vida alheia. Quem quebra essas duas regras de ouro é considerado chato e sumariamente expulso da turma." De Machado de Assis a Carlinhos Oliveira, a regra é clara. Os guerrilheiros de botequim, por exemplo, sabiam que, se é para fazer a revolução e pegar em armas, tem de ser lá do lado de fora e só depois, muito depois, de saborear a saideira.

Bar é do bem. No recorte de sua geografia sem fronteiras, ele descortina o mundo, aliás, o paraíso – isso, nada menos que isso. É lá que você experimenta a vertigem do mais: de se sentir o mais bonito, o mais charmoso, o mais sedutor, o mais esperto, o mais inteligente. Taí uma tentação irresistível, por mais que o espelho opaco e quebrado lá do banheiro possa querer desmentir. Mas, voltando ao que interessa: lugar que faz você se sentir tão especial e ainda tem chope, comidinha e afeto repetindo para você "É sim, é sim!", onde mais que há?

São Paulo e
os tesouros da tradição

❈

Tome assento, chame a loira (de preferência fria, mas não gelada, e com aquele bigode de espuma, do jeito que recomenda o manual do autêntico connaisseur) e vamos logo (não sem antes pedir uns pastéis de feira e uns bolinhos de bacalhau) acabar com essa história de que boteco que é boteco só existe se trouxer o certificado de seu pedigree carioca, com papel passado em cartório e firma reconhecida.

São Paulo, que sempre pagou o preço da piada do poetinha Vinicius, aquela maldade (Adorinan e Geraldo Filme que não nos ouçam) de túmulo do samba, tem de encarar mais essa (má) fama, como se botequim de responsa fosse mérito de território demarcado, de reserva de mercado, de sotaque puxado no xis.

Pois é: quando o Original foi aberto, em 1996, a idéia era essa mesma, a de juntar, em homenagem assumida, despudorada, tudo aquilo de bom que, na ponta de cá da via Dutra, resta da tradição da chamada baixa gastronomia e, aí sim, dar um toque a mais aqui, uma variação sobre o tema ali, a releitura de um ou outro menu acolá – e acreditar, sob as bênçãos da Madonna da Achiropita, de São Jorge e do chope da Brahma, que o resultado ia ser um show de prazer, de sabor e de amizade. Resumo passado a limpo, sim, dessa São Paulo do chope e do petisco – que fosse, ao mesmo tempo, um refúgio a preservar a atmosfera autêntica que, não importa o lugar do mundo, permite identificar de cara: eis um botequim.

Chegar ao nome Original até que não foi difícil, na ginga que oscila entre aquilo que já vem com raiz e o que se propõe a ser único, mas o outro grande achado surgiu numa roda de chope, é claro, em que, na baderna dos palpites, parece ter prevalecido a voz do designer e cenógrafo Elifas Andreatto. Digo "parece" porque mesas de bar não têm dogmas, não guardam verdades absolutas. Mas, ressaca à parte, tudo leva a crer que se deve mesmo ao Elifas a frase que virou lema do Original: "O mais comum dos bares".

Aquela coisa, enfim, de lugar sem afetação e sem rapapés, desfrute sereno do que a vida tem de bom, bebida, belisquete e bate-papo, mas experiência forte o suficiente para arrancar lágrimas de deleite até no mais impenetrável e sombrio dos boêmios.

Numa tarde de agosto de 1996, aquela que tinha sido por 47 anos a mercearia do seu Antônio, no número 137 da rua Graúna, em Moema, viu fazerem fila na porta para apresentar a novidade de um bar que queria ser tudo, menos novidade. O balcão de mármore estava lá, do jeito de sempre, com sua imponência casual. Piso quadriculado. Ladrilhos nas paredes. As bebidas, aninhadas em prateleiras devidamente anarquizadas, davam a impressão de terem estado ali por toda a eternidade, na convivência com as teias de aranha e a poeira do tempo.

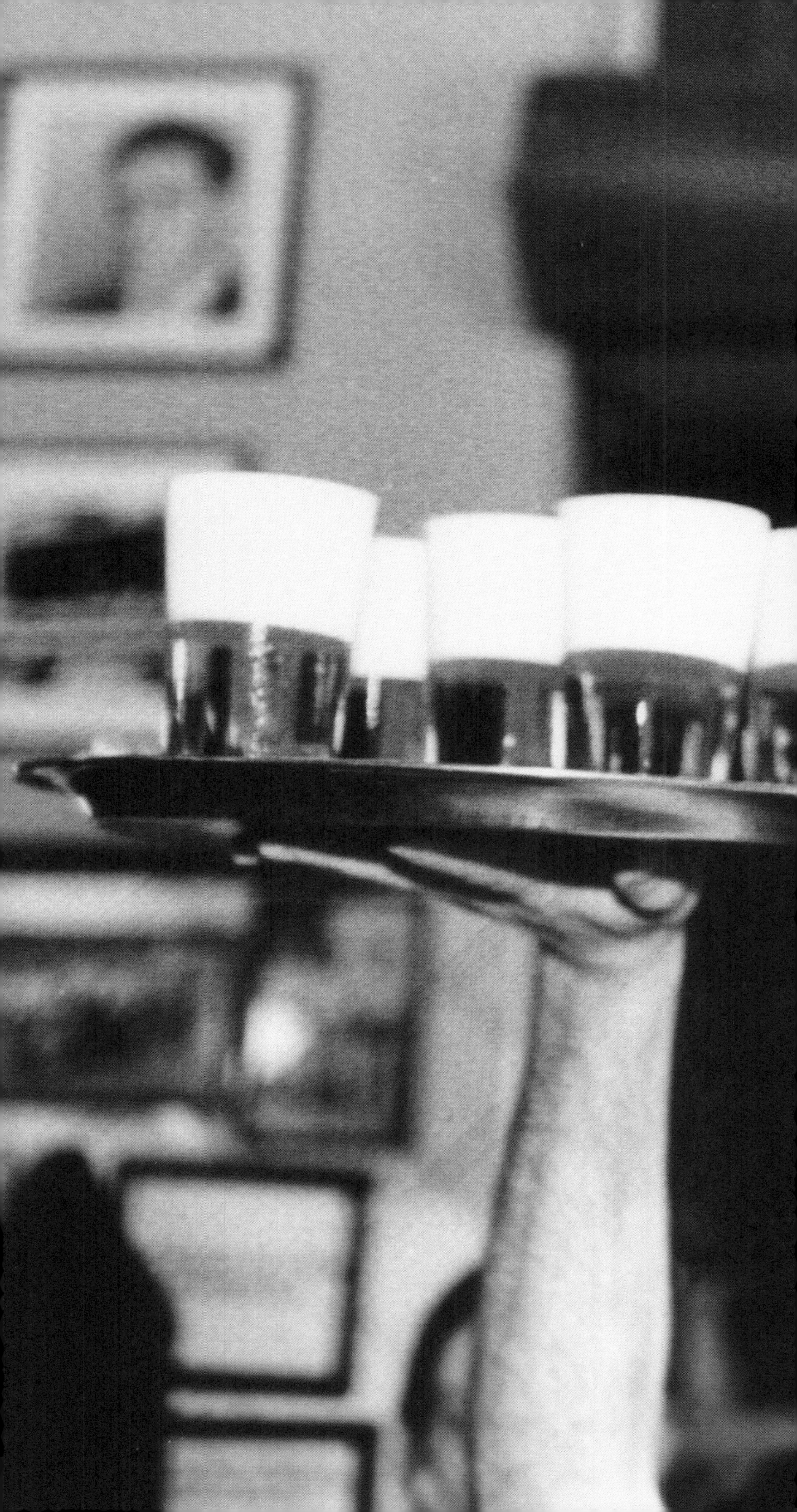

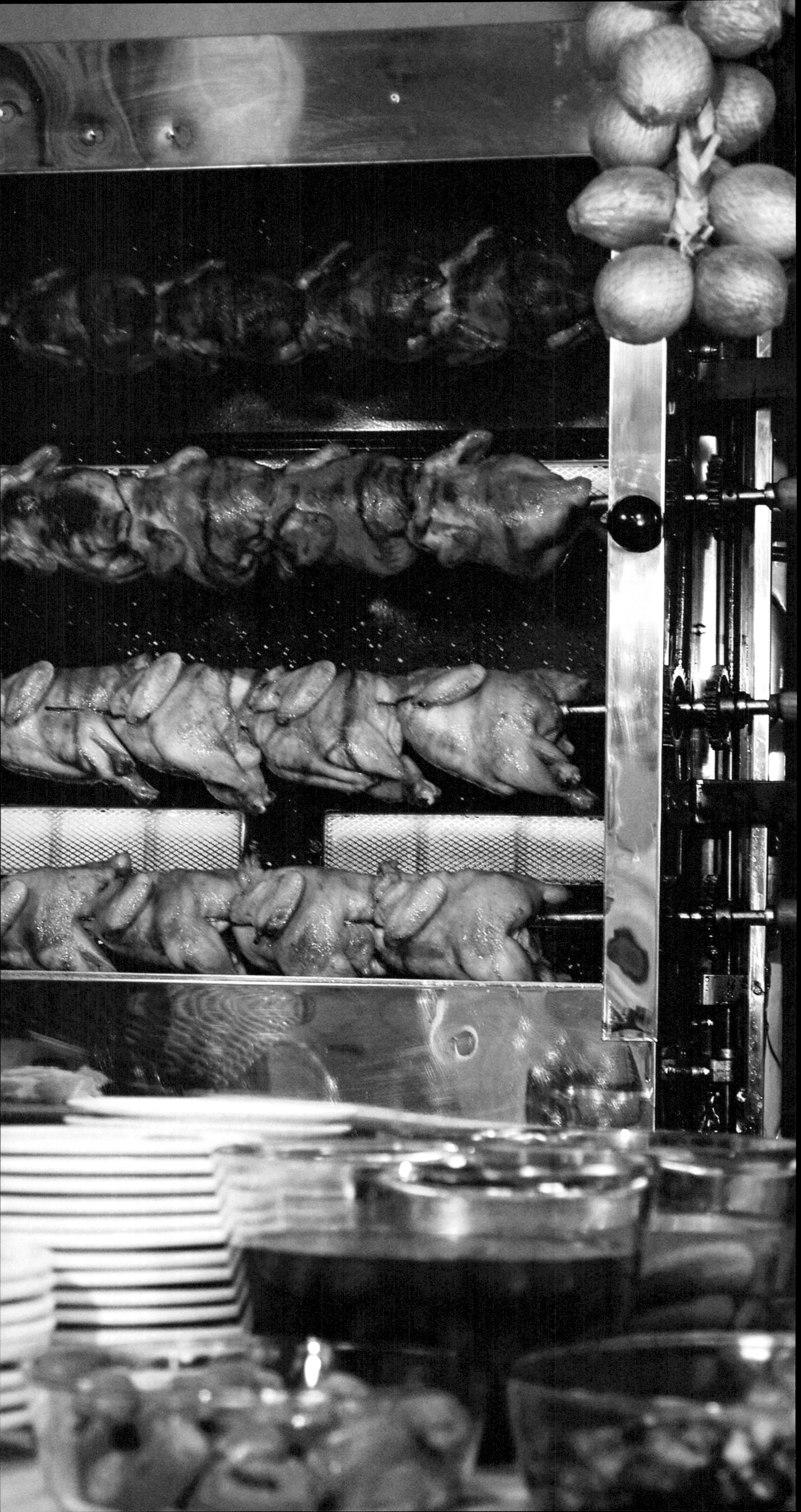

Cenário retrô ("anos 40" foi, de cara, a impressão dos críticos de gastronomia) em bar zero-quilômetro, e, como a rapaziada era mesmo do ramo, quer dizer, sabia tudo de bar, na intransigente visão de quem sempre freqüentou o lado melhor do balcão, com expertise de consumidor e não de decorador, tratou-se, nesse novo santuário do chope, de dedicar devoção toda especial ao principal objeto de culto. A chopeira era, sem trocadilho, original: mais de trinta anos de labuta, agora restaurada, com carinho de relicário, para enfrentar outros tantos.

A rapaziada era: Ricardo Garrido, Sergio Camargo, Fernando Grinberg, Mario Gorski e Edgard Bueno da Costa. Passaram uns três anos bebendo juntos e desenhando aquele plano, mas, ao contrário de muita gente boa por aí, não era só um pretexto, desses que acabam se esfumaçando na ressaca do dia seguinte. Eles persistiam. Bebiam, petiscavam e sonhavam. Um bar para chamar de seu. Demorou, até que, um dia, o armazém do seu Antônio materializou-se à frente deles. Quando a porta de aço, bem estilo galpão, subiu pela primeira vez, em 1996, não é que alguém ali tivesse a menor ilusão de que aquilo, além de ser o barato deles, haveria de ser o meio de vida. Tanto que, profissionais bem situados, nenhum deles pediu demissão. Sabiam do perigo de que virasse um daqueles botecos em que os donos consomem mais do que a casa fatura. Mas o prazer, tudo bem, conclamava. E aquela aglomeração já no primeiro dia, hum, parecia sintomática. E no segundo dia... e um mês depois... e passados dez anos, onze anos...

A diferença entre o bar que surfa na onda e flerta com a ocasião e esse outro que veio para ficar está diretamente relacionada à aptidão que um e outro têm de criar seus ritos e fortalecer sua rotina. No Original, há quem tenha pedido um chope no século passado e dá a impressão de que por lá continuará ao longo de todo o terceiro milênio. Existe um quê de religião nesse ritual de fervorosa assiduidade. Digamos que aos habituês céticos e laicos o Original tenha reservado outro instrumento para aferir a devoção: um relógio de ponto. Como o de repartição e escritório. A idéia foi logo copiada pela concorrência.

Você abre um bar, à sua imagem e semelhança, saboreia a euforia cremosa do sonho cumprido à risca, mas é sempre bom buscar, de tira-gosto, no cerimonial do reconhecimento, o aval dos verdadeiros profissionais. Que melhor presente o Original poderia esperar do que aquela noite em que Jaguar, o cartunista, apareceu espontaneamente por lá e foi ficando, foi ficando, foi ficando, tão à vontade que até se esqueceu o nome do hotel em que se hospedava? Um dos proprietários o recolheu e deu-lhe pouso em sua casa. Quando o anfitrião acordou, no dia seguinte, Jaguar já tinha partido. Encontrava-se, são e salvo, no Rio. O quarto de hóspedes era tão branco, tão limpinho – explicou –, que ele temeu: "Morri e subi ao Céu". Problema sério: o Céu, como se sabe, não vende bebida.

Jaguar é hoje como se fosse da família, ele que acumula mestrado e doutorado em botequim, satírico da noite e filósofo da madrugada, autor de uma máxima que, com aquela proverbial cortesia de boêmio, ele acabou por atribuir a Paulo Francis. A frase é: "Intelectual não vai à praia; intelectual bebe". Paulo Francis era, de fato, praticante dessa crença. Mas a frase é do Jaguar.

Ao contrário do que fizeram e ainda fazem certas quitandas mequetrefes, o Original sempre foi de citar as fontes, nunca escondeu de ninguém o tributo aos pioneiros que abriram a estrada e que iluminaram seu caminho, e daí os sucessivos festivais celebrando – e compartilhando com a freguesia – o néctar dessa inesgotável e surpreendente cultura dos botequins, clássicos tão clássicos que até vale a pena, na urgência da santa gula e da sede abençoada, passar por cima de qualquer fronteira geográfica.

Assim é que o Original homenageou, de cara, o Bracarense, aquele obrigatório pit stop pós-praia do Leblon onde, além do chope, espreita, pronta para dar o bote, a imperdível carne-seca com cebola e farofa; e o Bar Luís, que sobrevive ali no centro histórico do Rio desde muito antes de ícones igualmente lendários que fazem pose mundo afora (penso, por exemplo, na Antica Birreria Perroni, um monumento decô de Roma, ao pé do Quirinal, vinte anos mais jovem que o Bar Luís); e o Heinz, que não tem boêmio da Baixada Santista que desconheça, com aquele seu repertório de canapés e salsichões que, desde os tempos do Karl, barman-marinheiro, conduzem marujos de bombordo e estibordo a mares nunca dantes navegados.

No entanto, o Original é tão paulistano quanto seus cinco sócios (o Edgard, na verdade, diz que não é de São Paulo, é da Mooca), tão paulistano quanto o edifício Martinelli, o Borba Gato, o viaduto do Chá, o monumento do Brecheret no Ibirapuera, tão paulistano quanto a Hebe Camargo e o mito do *um-chopes-e-dois-pastel*. Se fosse música, o Original teria aquele *quasquasquará* do "Trem das onze", com cadência moderna mas sem essas frescuras techno.

A rapaziada do Original tira o chapéu é para São Paulo, quer dizer, para os heróis da resistência, esses botecos ainda dispostos a preservar, nas teias do tempo e na poeira do cenário, os recortes de uma história casual, onde mesinhas de madeira defendem-se do assédio da fórmica e do acrílico, onde os garçons ainda se trajam à moda do Amigo da Onça e onde o líquido vertido pelas chopeiras preserva sacrossanta precedência, numa escala de valores que hoje em dia, alhures, em inversão indecorosa, muitas vezes dá muito maior atenção aos fricotes decorativos dos interior designers e à sujeição tirânica ao estar na moda.

Um brinde, então, a essas cidadelas da ortodoxia de mármore e azulejo, que se defendem como podem de uma metrópole voraz que devora, mastiga e cospe suas melhores relíquias, que vai atropelando o passado, sem piedade e sem delicadeza. Nem tudo está perdido, ao que parece, ainda que baluartes da boemia continuem caindo, um após o outro (só em 2006, foram-se o Elias e o Pandoro), e uns tantos sobreviventes mostrem uma cara sombria, uma fisionomia fantasmagórica, como se já resignados à derrota implacável.

ORIGINAL
O MAIS
COMUM
DOS
BARES

Bar Leo

Romaria aos lugares santos

❀

Mas podem pedir aí mais um, que ainda há muito o que festejar. A metrópole ingrata ainda conserva seus nichos de tradição e, assim como o Original os visita cotidianamente, no seu cardápio, em referências que são também reverências, eis o convite para uma peregrinação por esses lugares santos, em via-sacra proposta e conduzida pelo quinteto do Original, gente fascinada pela arqueologia gastronômica da cidade, gente que, aliás, tem de chope e de tira-gosto muito mais tempo que a Giselle tem de passarela (desconfia-se que entre eles houve quem já bicasse seu chopinho, com a superior cumplicidade paterna, antes mesmo de ter alcançado a altura do balcão).

O atual cardápio do Original cita o Peru's, do largo do Belém, nos insuperáveis quesitos "jacaré de filé-mignon", "jacaré de frango" e "jacaré de lingüiça"; o Ponto Chic e seu bauru de antologia; o sanduíche de pernil do Estadão e também o do Famoso Bar do Justo; aquele filé com agrião do Moraes; os pastéis do Amigo Leal. Mas, se esta romaria é mesmo para ser levada a sério, se ela inclui a possibilidade muito concreta de, vira e mexe, alguém se jogar de joelhos, beatificado por um súbito prodígio de paladar, aí é obrigatório dar precedência ao Bar do Léo, por todas as razões marco-zero em qualquer geografia sentimental das petisqueiras de São Paulo.

O Léo é tudo o que um vero boteco deve ser, a começar pelo espaço acanhado e pelo legítimo apreço a manias historicamente cultivadas. Por exemplo: não tem, nunca teve, uísque, nem café, nem cigarro. Bebida é chope, ponto final. E que chope. A casa é preguiçosa, não existe aquela história de "só mais uma, a saideira" após as oito e meia da noite (aos sábados, três da tarde, sem condescendência, e domingo nem pensar, porque, como saúda o cardápio, "o Corinthians joga!"). E ai de quem, inebriado pelos eflúvios etílicos e pela alegre barafunda, aventurar-se a um beijo!

Não é que o Léo seja avesso ao romantismo. É que, naquela vizinhança da rua Aurora, beijo tem tudo para significar comércio, e bar que é bar não está aí para servir de alcova. Mas, se algum gentil cavalheiro quiser de fato impressionar sua dama, que arraste para ela uma daquelas maciças cadeiras de imbuia, missão para um Maciste.

Aquilo que para as mulheres é um problema, para lugares icônicos como o Léo é uma virtude: ele parece ser mais velho do que de fato é. Tem 67 anos, menos até se você só contar o tempo em que está naquela esquina da ex-Boca do Lixo (nasceu na avenida Tiradentes), mas o lugar tem o porte e a postura de instituição centenária, como se fosse um Tribunal de Justiça – e na verdade já deveria ter sido tombado há muito tempo por seu patrimônio, não aquele que tem a ver com riqueza e arquitetura, mas o outro, imaterial, que preserva a memória de uma comunidade.

Não basta chegar ao Léo, esperar uma mesa e acompanhar o vai-e-vem para decifrar a mística de um bar que nunca buscou mística alguma. Reputação é obra lenta, de pachorra e detalhe, no capricho de um dia depois do outro, mas aí está o típico exemplo de um estabelecimento esculpido pela mão do homem – no caso, de dois homens. Hermes da Rosa já se foi. Luís de Oliveira, o seu Luís, aos oitenta, ainda que aposentado, dá o ar da graça todos os dias, só para não perder o hábito.

Início dos anos 1960 e, imaginem, aquilo não ia muito além de uma taberna de salsichão e chucrute, como outras que proliferam por aí. Hermes, o novo dono, era de freqüentar muito o outro lado do balcão e sabia que a manha do negócio é melhorar de fora para dentro – quer dizer, o serviço, as comidinhas, o chope –, mas nada de retocar o visual. Ele próprio desenhou o copo ideal e definiu o segredo da temperatura e do colarinho do chope. Um habituê antigo como o cantor Orlando Silva, se ainda estivesse disponível, haveria de reconhecer o Léo ao primeiro olhar. Até o leãozinho do logotipo, com o estandarte *Bier über Alles* estampado nas toalhas de papel, ainda dá expediente.

Seu Luís desembarcou em 1962, já diplomado nas artimanhas das bandejas em escolas como – entre outras – o lendário Salada Paulista, onde mereceu, certa noite, a distinção de servir Che Guevara em pessoa, ele que também vinha de receber uma homenagem, em forma de comenda, do então presidente Jânio Quadros (antes de ter-se submetido àquele aborrecimento de Brasília, Jânio era figurinha fácil no Salada e, depois da renúncia, no Léo; na década de 1970, publicou uma seleta de contos cuja ação se dava a mesas de bar e em torno de tantas doses que, se aquilo não fosse ficção, o protagonista teria arruinado o fígado).

Enquanto Hermes da Rosa cuidava de assuntos de superior importância (como o Corinthians, do qual foi diretor e até vice-presidente no início dos anos 1980, triunfal era da Democracia Corintiana), o seu Luís ia tocando a rotina, implacável guardião de uma ortodoxia que agradava à freguesia e haveria de horrorizar qualquer marqueteiro. O Léo nunca deu a mínima para o mercado nem para a propaganda. Fazia o que tinha de ser feito, do jeito que o artista esculpe sua obra. Obra de arte, coisa de Michelangelo.

À medida que a gente for prosseguindo nessa piedade via-crúcis, vai ficar evidente que bares de excelência podem até brotar por acaso, mas que só sobrevivem quando estabelecem um vínculo de amizade, quase cumplicidade, com a vizinhança, um saudável travo suburbano, perfume de arrabalde, aquele clima de um-pulo-ali-na-esquina. Muito da magia do Frangó vem, além de sua imbatível coxinha e do elenco de cervejas importadas, do fato de ter-se entrincheirado lá naquela pracinha da Freguesia do Ó, nome de tal musicalidade que foi parar em letra do Gil, e de por lá ter ficado, sem incorrer na tentação de trocar seu CEP pelo de nenhum recanto dos Jardins.

Pela localização, o Léo parece desmentir a lógica do boteco de bairro, mas a verdade é que seus canapés de rosbife se consagraram num tipo de repercussão boca-a-boca que se expandiu a partir da vizinhança, em razão dos louvores entoados pelos advogados que tinham escritório ali perto e, sobretudo, do fato de ter caído nas graças

Bar do Léo: a bebida é chope e ponto final

O Elidio, na Mooca: futebol, memorabilia e um escândalo de tira-gostos

da tribo de atores, produtores, técnicos, que circulava pela cinelândia paulistana da rua do Triunfo.

Já devidamente reverenciado o Léo, ao peregrino se recomenda, agora, que tome o rumo leste, onde esperam por ele os bolinhos de carne do Elídio, uma mesa de frios e acepipes que não tem tamanho, e o espírito festivo da eterna Mooca, aquela que, aos sábados e domingos, ainda bota as cadeiras na calçada e fica ali, tricotando conversas de mamma e de nonna, antecipando a macarronada do almoço e atenta à criançada que brinca na rua.

Pode ser que alguém aí se lembre da efêmera febre do sports bar de figurino americano, com exagero de tevês sintonizadas no futebol, que ameaçou contaminar São Paulo nos anos 1990, mas o Elídio está aí exatamente para definir o verdadeiro sentido, à brasileira, de um santuário do esporte regado a chope e temperado a salgadinho. Museu perde para aquilo lá.

Elídio Raimundo, embora são-paulino de coração, gosta de futebol, tanto que faz tempo que coleciona camisas de clube, aí sem distinção de credo e paixão. Amealhou um acervo ecumênico, ao melhor padrão vintage, e dá para imaginar quanto é que aquela confecção inglesa que se especializou em reproduzir em pano as glórias do gramado não cobraria, por exemplo, pela camisa grená autêntica do Juventus da década 60 – o Juventus da Mooca, por entendido.

Do Santos de Pelé à Ferroviária de Araraquara, Elídio tem de tudo, em seu museu particular – e exibe suas preciosidades, caprichosamente emolduradas em vidro, lado a lado com retratos em preto-e-branco de ídolos de todas as épocas. Não por acaso, as mesinhas na calçada e o balcão de poucos lugares (o salão ao lado, com mesa, cadeiras e feijoada aos sábados, só se incorporou ao bar uns dez anos atrás) já se resignaram ao calor das discussões sem fim dos fanáticos da bola, entre eles gente que até militou entre as quatro linhas, sempre incorrendo no risco de que suas imaginadas proezas sejam desmentidas pelo conhecimento enciclopédico do dono da casa.

Adeus ao Elídio e a seus garçons de libré, e a caravana etílico-etnográfica toma agora o rumo da Aclimação, via Cambuci, refazendo o santificado caminho trilhado todos os fins de semana – à época, em duas rodas – pela trinca que originou o Original. A sede guiava Edgard, Ricardo e Sergio até A Juriti ("A Rainha dos Aperitivos", promete o letreiro, que coroa a fachada de pastilhas azuis e brancas, quase esquina com a Lins de Vasconcelos), e ali eles esqueciam, no primeiro canto, a bicicleta e se postavam para presenciar o espetáculo de suculentas calabresas crepitando em álcool. A delícia, depois embebida em molho inglês, atende pelo sugestivo nome de Joana d'Arc e, no quesito originalidade, só tem concorrente no bolinho de bacalhau apimentado – sabe-se lá por que chamado de "carioca", outro item aplaudidíssimo do hit parade da casa.

A Joana d'Arc chegou ao cardápio do Original e nunca mais saiu, tributo prestado cotidianamente ao inventivo sr. Alberto e a sua intuição pirotécnica. Foi em tipos como este, o sr. Alberto, dono de um coração de pai e de uma gentileza que contrasta com a selvageria do big business, que aqueles meninotes até então incapazes de ler uma receita e de calcular um estoque buscaram o abrigo do aprendizado e a motivação para ir em frente. Só encontraram bons modos. Se é possível resgatar a dívida de competência e de cordialidade para com esses pioneiros, clássicos dos clássicos, é estampando a gratidão, com todas as letras, nos cardápios do Original, nas citações e nos festivais que fazem carinho na memória.

A expedição beatífica do chope-e-petisco, em obediência aos pontos cardeais desta São Paulo que resiste, encaminha-se, então, para a Zona Sul, para além do Borba Gato – dando uma espiadela na rua Demóstenes, no outrora faladíssimo Dois Irmãos, cujo título ocultava um enredo quase fratricida, dizem as más línguas, e que hoje está sob nova direção, com um visual que sugere proposta radicalmente diferente de um pé-sujo tradicional –, para enfim a gente dar de cara, em plena avenida Santo Amaro, com uma discreta fachada em estilo alpino, jeitão de casinha pré-fabricada, janela de madeira com recorte de coraçãozinho, penumbra de bar alemão e vinte lugares, se tanto.

O Ilhabela, "desde 1967", como se orgulha, surgiu como salão particular para um executivo da Volkswagen siderado com o verdadeiro chope, e assim ficou, como se fosse uma secreta confraria só de iniciados, canapés campeões, Würste aos montões e chope de tulipa e de caneca. O Ilhabela cita no décor aquele pedaço de paraíso no litoral norte, com emaranhado de redes de pesca, marinas pintadas a guache, um casco de tartaruga e até um par de remos. Nada mudou, nem a geladeira caseira, mas ficou um vazio enorme desde que, mudados os donos, saiu de cena o Wander – que a rapaziada do Original não hesita um minuto em considerar o melhor garçom do mundo.

A cara do cantor Orlando Silva, o Wander era a enciclopédia ambulante do atendimento nota mil, não que exagerasse nos sorrisos e nos salamaleques, que ele nunca foi disso, nada de intimidades, de tapinhas nas costas. Encouraçado numa serenidade de aço, atendia sozinho a cliente por cliente, um por vez, sem pressa, na sua cadência, mesmo nas noites em que a casa fervia, pegava fogo. Administrava sem estresse e com sabedoria qualquer multidão. Falava pouco, mas era sempre certeiro. Até doze horas de labuta todo dia – de pé, sem descanso, preparo físico de maratonista. Por charme ou por hábito, contava as bolachas do chope em alemão.

Faz falta o Wander, com seu rito de atenção particular e elegante, e é triste observar que, no rastro dessa peregrinação pelos clássicos que torcemos para que sejam eternos, acabamos resvalando em alguns buracos e nos ressentindo de certas lacunas. O tecido da nostalgia vai se esgarçando aqui e ali, sem dó nem piedade. Naquele cantinho onde imperava, por exemplo, o Elias, vizinho ao Parque Antarctica, reduto do Palmeiras do Ademir da Guia e das vitórias inesquecíveis tanto quanto antro dos cartolas palpiteiros e sorumbáticos. Também sucumbiu o Pandoro, que parecia invencível, escala obrigatória com destino ao Morumbi, o pastel de carne e o caju amigo que reconfortavam o Osmar Santos e o Fausto Silva antes de uma transmissão esportiva.

Retalhos de lenda vão ficando na saudade. O Redondo. O Riviera. O João Sebastião Bar. O Paribar. O Pirandello. Cada um tem o seu botequim do coração pelo qual chorar, até o Chico Buarque, boêmio esquivo, que arquivou em letra e música os momentos vividos e os tragos sorvidos ali perto da Faculdade de Arquitetura da Maria Antônia,

Na Juriti, na Aclimação, botaram fogo, sem piedade, na "Joana d'Arc"

*Wander zelava, no Ilhabela,
pelo perfume de Munique, festa da cerveja,
salsicha e chucrute*

no Quitanda, o qual, a propósito, ninguém jamais soube se chamar Quitanda. Era o Bar Sem Nome, e ponto final.

Se o Original tivesse nascido meio século atrás, ele gostaria de ser o Nick Bar – a quinta-essência do glamour no corpo de "um pequeno e agradável bar" capitaneado por um jovem que tinha "um pouco de classe". Dá para perceber que a proposital modéstia de tal definição só pode vir do próprio proprietário, Joe Kantor, em quem os meninos do Original foram buscar inspiração e conselhos, pelas mãos de outro boêmio de corpo e alma, o escritor Marcos Rey.

Bar arquetípico, o Nick, "corredor estreito, na plebéia [rua] Major Diogo", como escreveu Marcos Rey, talvez não chegasse a ser o que foi se não tivesse nascido como apêndice do Teatro Brasileiro de Comédia, ali na Major Diogo, no exato momento (virada dos anos 1940 para os 1950) em que o TBC fervilhava, sob a batuta do italiano Franco Zampari e o fermento de uma talentosa geração de diretores e atores recém-chegados da Bota: Adolfo Celli, Ruggero Jacobbi, Luciano Salce.

O piano de Enrico Simonetti pontuava as noites do Bexiga com *international touch*, como recomendara Joe Kantor, ou seja, com mão delicada, em andamento de adágio, dando as boas-vindas a um circuito eclético em que intelectuais se mesclavam com o jet set, existencialistas coexistiam com sex symbols, cenário no qual Cacilda Becker tropeçava em Erico Verissimo, enquanto um jovem e franzino deputado chamado Ulysses Guimarães se esgueirava em torno da mesa de Tônia Carrero.

O Nick Bar tinha espaço miúdo, mas espírito grandioso, bons e saudosos tempos em que o star system não tinha compromisso com a vulgaridade, lugar incapaz de perder a compostura mesmo quando, de repente, surpreendia à mesa ali do lado a deslumbrante Sarita Montiel ou via subir ao palco do Simonetti, para uma canja improvisada, a inesperada Sarah Vaughan.

Joe Kantor não registrou para a posteridade o tesouro de suas memórias, mas, antes de morrer, ao lado de d. Mirella e com Marcos Rey de testemunha, contou tudo isso e muito mais aos vorazes rapazes do Original, que dedicaram ao Nick Bar, além de lugar de honra na 2ª Semana dos Clássicos, o eterno tributo de uma saudável inveja.

Um brinde, então, saideiro, ao Joe, ao Nick e a tantos que imprimiram na história de São Paulo a nobreza dessa paixão que tem a vida no nome e a noite no sobrenome.

Ipanema é um botequim

❦

O Rio sem bar seria como um Rio sem o Pão de Açúcar, sem a Vila Isabel, sem Noel Rosa, sem samba-enredo, sem Bossa Nova, sem a garota de Ipanema, sem a dor-de-cotovelo, sem o bolinho de bacalhau, sem o croquete de carne, sem as noitadas da Lapa, sem as mulatas de Di Cavalcanti, sem os cartuns do Jaguar e do Lan, sem o *Pasquim*, sem Leila Diniz, sem o Arpoador, sem o Redentor, sem os melhores cronistas, sem os poemas de Vinicius de Moraes, sem a mais inspirada literatura. Rio sem bar é... bem, seria qualquer coisa, mas não seria o Rio.

O botequim carioca funciona como o foyer do seu maior espetáculo – a praia. Ponto de escape, na contramão da maré – ela vai, a gente fica. De chopinho da mão, espuma no beiço, veneno na língua, mel no gogó. A tarde escalda, e a noite é sempre uma criança. Instituição medular do Rio – define Ruy Castro em seu livro *Carnaval de fogo*. Tão medular como a malandragem e a boemia, que são, aliás, a outra face da mesma moeda. Bar não é lugar de trouxa nem de mané.

Se bem que ali nem tudo é alegria frouxa. Tem também direito a um cantinho o solitário em seu precipício existencial. Nos anos 1970, dizia-se: fossa. E até se convive, com resignação, com o "chato felicidade", ou CF, na classificação do cronista Carlinhos Oliveira, o melhor entomologista que se conhece dessa densa fauna etílica. "Manjam aquele cara que senta na sua mesa sem pedir licença e começa a falar de um assunto que não lhe interessa?" Pois é ele, o "chato felicidade".

Se você contabilizar em mililitros a quantidade de bebida que passam pelas páginas do capixaba Carlinhos Oliveira, em quase quatro décadas de boemia carioca, será bem possível que dê para encher toda a baía da Guanabara.

Bêbado lírico, franzino e tímido (mas só até lhe aparecer pela frente uma beldade inalcançável, que ele, no entanto, acabava por alcançar), Carlinhos encarna a verve dos profissionais de botequim. Ele sabia tudo. Tem um livro de crônicas só sobre um deles – o antológico Antonio's, da Bartolomeu Mitre, no Leblon. O bar do poetinha Vinicius, do arquiteto Marcos Vasconcellos, do Tarso de Castro, do Paulo Francis, do Millôr Fernandes, do treinador e comentarista João Saldanha, do cineasta Miguelzinho Faria, do próprio Carlinhos Oliveira, claro, e do Tom Jobim.

O cronista previa que, quando Tom fizesse setenta anos, o Antonio's passaria a se chamar Antonio's Carlos Jobim. Seria em 1997. Maldade da vida: nem o Tom, nem o Carlinhos, nem mesmo o Antonio's (que faleceu em 1995) estavam lá para checar o vaticínio.

O Antonio's é aquele uísque-bar (tinha chope, mas, naqueles anos 1970, tudo o que não era scotch era "xangai", no dizer do colunista Ibrahim Sued, que prudentemente nunca ousou botar os pés nesse antro de esquerdistas debochados) em que o Roniquito, aliás Ronald

*Folia no carnaval carioca: a Banda de Ipanema
pede passagem, anos 1970*

*Sem o uisquinho de todas as noites,
as letras de Vinicius de Moraes
não seriam as mesmas*

Russell Wallace de Chevalier, economista, irmão da Scarlett Moon (que virou biógrafa dele), dava expediente na condição de boêmio mais louco da face da Terra. Um clique e ele mudava de voltagem – da paz ao horror. "Quando ele não tinha ninguém para esculhambar, esculhambava o copo", lembra Jaguar. Roniquito estava lá, plena terra, quando um bando chegou – um assalto, todos para o banheiro. Ele não pestanejou: "As contas estão guardadas ao lado da registradora", gritou para os assaltantes. "Não esqueçam de levar com vocês." E lá se foram anos de pendura.

Antes do Antonio's e de Ipanema, apadrinhou a MPB o Vilariño's, quando o centro ainda era o centro – assim, Vilariño, nesse toque espanholado do ene com o til e a inevitável conseqüência das variações possíveis, Villariño, Villarinho, Vilarinho, Vilarino... Tinha Pixinguinha, aquela elegância de terno e gravata... Aracy de Almeida, desbocada e esculhambada... Elizete Cardoso, com *allure* de diva... Mário Reis... Dizem até que foi no Vilariño que Ary Barroso rabiscou os primeiros compassos de nossa "Marseillaise", a "Aquarela do Brasil".

Sempre que estava pelo Rio, o Poetinha fazia escala, vindo do Itamaraty a caminho da Zona Sul. Outono de 1956, Vinicius de Moraes fala aos amigos Lúcio Rangel e Haroldo Barbosa sobre o musical que quer escrever: transpor a lenda grega de Orfeu e Eurídice para o cenário de uma favela carioca. Está à procura de um parceiro compositor. Lúcio Rangel se lembra daquele pianista das noitadas do Beco das Garrafas, em Copacabana, tão duro que só passava pelo Vilariño porque sabia que podia ganhar uma carona para Ipanema. Lúcio aposta: o garoto (29 anos) tem talento.

Avenida Presidente Wilson com Pandiá Calógeras, o Vilariño ainda está lá, como um monumento vivo a celebrar a mais fecunda e talentosa parceria da música brasileira: Vinicius de Moraes e Tom Jobim. Uma placa eterniza o encontro dos gênios. Mas o folclore tira toda a solenidade do encontro. Dizem que, após ter ouvido a emocionada descrição do Poetinha sobre o seu *Orfeu da Conceição*, Tom Jobim pensou mesmo foi naqueles cobradores que viviam batendo à sua porta. Esfregando as mãos, perguntou: "Tem um dinheirinho nisso?" O tempo mostraria que tinha, sim. Algum dinheirinho.

O Rio tem guia de botecos com empáfia de *Guide Michelin* – não um, vários. Há sempre alguém tentando convencer que empadinha ainda melhor é aquela lá da ilha do Governador e que não tem chope tão bem tirado como num pé-sujo do Grajaú. O orgulho da baixa gastronomia (a expressão é do Ruy Castro) é perceber que as comidinhas só são *inhas* no afeto com que são feitas. Washington Olivetto, paulista da Mooca, mas carioca da gema, resolveu certa vez pesquisar o consumo popular no Rio. Imiscuiu-se subúrbio adentro. Acabou comprando uma marca de bebida do povão.

Até botequim tombado pelo Patrimônio o Rio tem, com toda a pompa, seja porque sua arquitetura merece preservação, seja porque parte da herança histórica e cultural da cidade pulsa dentro dele. O Bar Luís, na rua da Carioca, bem no centro, está nesse caso pelas duas coisas: o décor e seus fantasmas. É de 1887, portanto pré-republicano, e foi lá, sugere Ruy Castro, que o Rio trocou o vinho, tão lusitano, pelo chope, muito mais carioca.

A fórmula humor-com-aperitivo, curtida numa cadência de quem não tem pressa, vem de tão longe, no Rio, que não será surpresa se algum historiador topar com d. Pedro I tomando uns tragos com o Chalaça numa taberna do Arco do Telles. O Rio monárquico copiava aquela letargia parisiense dos bulevares em leiterias onde o leite sempre perdia para os licores.

O frenesi social das cocotes e dos almofadinhas percorria a avenida Central, que se julgava uns Champs-Élysées, desde a rua do Ouvidor ("A rua do Ouvidor, quando não tem notícias, cai nos boatos", escreveu a porção cronista de Machado de Assis, em 1896) até o que é hoje a Cinelândia.

Era na Colombo que, nas vesperais dançantes de domingo, o barão do Rio Branco recrutava os quadros da carreira diplomática – pela cadência demonstrada na polca e pelo jeito de empunhar a taça de champanhe. Na outra ponta, ali no Club Fluminense, Machado de Assis flagrou o estadista Domingos Faustino Sarmiento servindo-se, sozinho, de chá, torradas e brandy. "Um homem cheio de corpo, cara raspada, olhos vivos e grandes", descreve o cronista. "Vinha de estar com o imperador em São Cristóvão e trazia ainda a casaca e gravata branca e, se não me falha a memória, uma comenda."

É nessa Cinelândia com fragrância de Belle Époque, freqüentada pelos fantasmas de João do Rio e Sarah Bernhardt, que Carlinhos Oliveira ainda encontrará, meio século depois, ao chegar à Cidade Maravilhosa, o aconchego de uma boemia cordial, loquaz, sem pressa. "O Vermelhinho era um bar ao qual você ia para trocar idéias, e por meio do qual os provincianos recém-chegados ingressavam na atmosfera espiritual da cidade", choraria ele, a título de necrológio.

Bares, no Rio, se prestam a isso – vestibular de carioquice, etapa preparatória, rito de passagem ou de chegada. Mas, no caso do Vermelhinho, pesava mais ainda sua condição de bolsa de valores das idéias, sede das exaltações políticas e clube dos complôs literários – isto que Nelson Rodrigues, autodenominado "o reacionário", batizaria de botequim ideológico, com aquele seu muxoxo debochado. Lugar aonde a maioria chegava com livros debaixo do braço, mesmo sabendo-se que dificilmente eles fariam o caminho da axila até os olhos. Onde cabe aquela piada clássica do Jaguar, o bêbado que chega à porta do bar e grita lá para dentro: "Aqui não tem ninguém mais comunista que eu!"

Durante o regime militar, sussurros dissidentes podiam, ao calor da conversa e ao desenrolar da bebida, virar brados revolucionários, e assim se entrincheirou a resistência, atrás de bolachas de chopinho – do Vermelhinho para o Lamas, no largo do Machado, com aquele salão de sinuca lá no fundo conferindo aos comensais da esquerda a sensação de uma real proximidade com o povão, e, seguindo-se o mapeamento sentimental da *agitprop*, não dá para esquecer a santíssima trindade de Ipanema, o Velloso, o Jangadeiro e o Zeppelin – cada um com folclore próprio, pessoal e intransferível, mas tendo em comum a adesão àquela variante reichiana do marxismo, em que a libertação começa na cama.

Arnaldo Jabor se inclui, a si mesmo e ao Antonio's ("o bar perfeito"), na geografia da masturbação socialista. O bar do Manolo, com varanda dando para a rua, mas restaurante protegido dos mendigos, era "apare-

Rua do Ouvidor, 1888. Cenário da vida elegante do Rio de Janeiro

O bolinho de bacalhau do Jobi, no Leblon, confraterniza a boemia carioca

lho da esquerda festiva" – "em plena repressão, nós nos achávamos donos do mundo". Mas é bom reavaliar o radicalismo político de um lugar que tinha como habituê de todos os dias (e noites) o Walter Clark, chefão da TV Globo. Do próprio Jabor não se lembra quanto tempo de fato durou sua comichão pela tão decantada "utopia revolucionária".

A categoria hoje bastante difusa de "bar de artista e intelectual" continua sendo aquinhoada no Rio pelos filmes do Hugo Carvana e por clássicos como o Jobi, o Bip Bip, o Bar Lagoa, o Salete, o Belmonte, o Bracarense ("latitude 22°53', longitude 43°17'", informa-se, para boêmio nenhum perder o rumo), embora o que eles tenham em comum é muito mais o preço camarada, as calçadas invadidas e o caos surpreendentemente organizado de mesa para quatro em que se aboletam oito, do que propriamente o teor da conversa. Em clima de biodiversidade política e ideológica, é bem capaz que, guerrilheiro por guerrilheiro, o ícone da freguesia seja o Gabeira, o da tanguinha de crochê, em vez do Guevara, o do charuto e barba.

Nos anos 1980, antes de morrer, Carlinhos de Oliveira percebeu a multiplicação dos lugares "moderninhos". Queixava-se do assédio dos grã-finos e colunáveis e lamentava a tirania do "bar da moda". O cronista-poeta rogou uma praga: efêmeros por natureza, fachada para o cultivo puro e simples da frivolidade mais medíocre, eles não prosperarão. Não deu outra.

Atitude é o que importa. Bar é coisa séria. A Lapa, para renascer nos últimos anos no delicado equilíbrio entre a cultura de raiz e a macumba para turista, teve de pagar tributo à memória dos que construíram sua lenda, Di Cavalcanti, Manuel Bandeira, Madame Satã, Tia Cita com seu terreiro de bambas, legitimando nos botequins recauchutados em ilustres pranchetas a avidez e a sede dos novos boêmios. E lá está o Nova Capela, com as capitosas postas de cordeiro recendendo a alho, para assegurar toda a autenticidade.

Da Lapa à Vila Isabel, de Santa Tereza a Oswaldo Cruz, a fórmula cerveja-e-salgadinho costuma trazer fundo musical – violão, cavaquinho, surdo, tamborim na cadência bonita do samba. Mas foi aquela Copacabana toda enfatiotada dos anos 1950, princesinha do mar, brilho da República, que acabou produzindo uma luxuosa trilha sonora para seus anos dourados. Antes da Bossa Nova, o samba-canção – dores de amor disfarçadas em vestido longo e black-tie e diluídas em uísque e gelo, no Sacha's e na boate Vogue.

Antonio Maria, o colunista-coruja da *Última Hora*, autor de um "Ninguém me ama" que soa autobiógrafo para quem compôs e para todo aquele que se aventura a ouvir, velava para que a noite conservasse suas virtudes inatas da paixão, da picardia, do humor, da inteligência, enquanto murmurava – logo ele, mulato, corpulento, deselegante – suspiros de sedução aos ouvidos da musa Danuza Leão. Acabou casando com ela.

O botequim sugere uma épica de conquistas e desaforos, lampejos e apagões, mas nada exprime tanto a alma canarinho como o episódio – verdade ou mentira, imprima-se a lenda – acontecido no dia que era para ser a maior tragédia nacional: o Maracanazo, de 1950.

Vocês sabem: os uruguaios venceram, e um manto de silêncio caiu sobre o país. Silêncio tão angustiante que, lá do hotel Novo Mundo, diante do palácio do Catete, onde os novos campeões do mundo se hospedavam, o maior de nossos algozes, Obdulio Varela, não conseguia dormir. El Negro se compadecia. Remexia-se na cama, em vão. Desceu ao saguão, saiu às ruas e foi consolar, num boteco do Catete, aqueles que afogavam as mágoas em caninha barata. Obdulio Varela, o capitão da Celeste. As pessoas o reconheciam. Pediam mais uma e batiam um copo no outro, febrilmente. Isto é o bar, na sua mais profunda sabedoria: brindar a algo que já nem se sabe bem o que é.

*O Bracarense, no Leblon,
faz o gênero pós-praia. Ou pré-praia,
dependendo da sede*

O Florian, na piazza San Marco em Veneza, inventou a boemia e os boêmios

Veneza abre o bar

❀

Só a Veneza dos canais preguiçosos e dos labirintos úmidos, que adora tomar prosecco no café-da-manhã, onde os táxis têm remos e os excessos etílicos nunca se arriscam em terminar em acidente de tráfego, só essa cidade tão carnavalesca, dita, porém, La Serenissima, pode se arvorar em ter tanto o melhor bar do mundo quanto o mais antigo de todos.

Cabe ao Florian, na piazza San Marco, à sombra das arcadas da histórica Procuratie Nuove, a honra pouco contestada da precedência histórica. Nasceu *botega de caffè* – e sob essa insígnia de Caffè ainda hoje se disfarça, ele que inaugurou em 1720 o hábito do aperitivo a céu aberto. Quer dizer, ponto de trago e papo bem antes que aquela encharcada boemia dos subliteratos iluministas do século 18 tirasse do prumo o Ancien Régime e instigasse a embriaguez contagiosa da Revolução Francesa.

Veneza sempre foi uma encruzilhada de culturas. Bem a propósito, praticava-se secularmente ali o hábito de se estimular com aquele elixir negro das Arábias, trazido de barco pelo Mediterrâneo. Mas no Florian, desde a inauguração, bebia-se também a Malvasia siciliana e outros vinhos licorosos procedentes de Chipre e da Grécia. Deve ter sido aí que o conterrâneo Giacomo Casanova aprimorou, de copo na mão e veneno na língua, seus futuros dotes de sedutor.

Já do Harry's Bar tem sempre alguém contestando a unanimidade. A gente sabe que o melhor bar do mundo é, muito legitimamente, aquele que a gente freqüenta, e ponto final. Mas o Harry's, aos 75 anos, é um concentrado de citações ficcionais e de personagens tão mitológicas que, se alguém estivesse naquela situação de último desejo diante do pelotão de fuzilamento e não pudesse escolher seu boteco da esquina, seria bem possível que o cantinho da família Cipriani, na ponta da calle Vallaresco com as janelas dando para o Gran Canale, ganhasse, disparado. Uma noite estrelada em Veneza, com esticada no Harry's Bar, não dá para esquecer, jamais.

Voto de um crítico imparcial: decadente ou não, artificioso ou não, o Harry's Bar sempre será o número 1 pelo simples fato de que Veneza vem junto.

Giuseppe Cipriani, que, em 1931, tendo como sócio capitalista o americano Harry Pickering (daí o Harry's do letreiro), conferiu a um depósito de cordame para navegação a mística de templo da boemia mais cosmopolita, prescrevia, como segredo para o sucesso, "luxo na simplicidade". Mas, salvo no que diz respeito à conta, o Harry's Bar é muito mais o contrário: simplicidade no luxo. É aquele aconchego que caracteriza os bares de excelência: a coisa mais parecida com estar em casa sem as aporrinhações de estar em casa.

Você se surpreende: a decoração é discreta – madeira clara; paredes recobertas de tecido amarelo-bebê; luz adequada; pratos brancos lisos, sem grife; talheres de aço inox; mesas sem toalha, forradas de papel. Ninguém precisa temer que um sommelier emplumadinho venha lhe empurrar, goela abaixo, um château caríssimo. Nem sommelier o Harry's Bar tem. Uma única reforma, quatro décadas atrás, conquistou para a casa o andar de cima, com jeitão mais de restaurante que de bar. Ótimo para quem, como Catherine Zeta-Jones e a galera dos festivais de cinema, só vai ali para ver – sem ser visto. Mas, para os habituês de verdade – os que, a exemplo do escritor Gore Vidal, acham um porre aquela turistada exibicionista e novo-rica –, o Harry's Bar é o andar térreo, e estamos conversados.

Já que a pororoca dos forasteiros ruidosos é inevitável, Arrigo Cipriani, filho do patriarca, tenta hoje preservar a serena privacidade dos amigos da casa com truques como a *voce amica* – ou voz amiga, um desconto que pode ir de 30% a 50% da nota, aliviando os freqüentadores nativos do óbvio sobrepreço que os turistas pagam sem chiar, pelo privilégio, pela vista e pela lenda.

Apesar dos pesares, o Harry's Bar tenta ser um reduto da informalidade. Sabe aquele senhor solitário ali na mesa do fundo? Bem, ele talvez seja um barão austríaco, embora se comporte como o mais plebeu dos mortais, e seu drinque é um bellini, invenção de Giuseppe Cipriani. Suco natural de pêssego com o frisante branco da vizinha região de Valdobbiadene – quando podia muito bem ser champanhe francês.

Filosoficamente, o Harry's Bar é um boteco, em seu devotado culto dos petiscos e das comidinhas. É nisso que ele acredita. Assim como o coquetel da casa, ainda que delicioso, é de uma modéstia só, assim também o paladar não deve ansiar ali por nenhuma pirotecnia gastronômica. Um carpaccio – aquelas lascas fininhas de carne com um molho simples, mas saboroso, que surgiu, invenção de Giuseppe, para tapear a estrita dieta da condessa Amalia Nani Mocenigo – não chega a ser foie gras. O cardápio não traz contorções gaulesas que destroncam a língua do freguês.

"Servimos comida com espírito", me disse certa vez Arrigo Cipriani, naquele seu jeitão enfatuado. A coisa é mais simples. O fotógrafo americano David Zingg, o maior expert em bar e bebida que conheci, não precisou ir além de um croque-monsieur, aquele misto-quente metido a besta, para decretar que o Harry's Bar não tem igual. O crítico mais ranzinza do mundo, Michael Winner, do *Sunday Times*, entregou os pontos diante de um inesquecível risotto di gamberetti. Orson Welles devorava sanduíches de *scie* (camarõezinhos que só dão ali na laguna de Veneza) às dezenas, fazendo-os acompanhar de Don Pérignon e de uma gargalhada de gula e prazer que se ouvia lá na ponte dos Suspiros.

Bares presumem serviço, e, quando um deles se diz campeão do mundo, tem de compensar com um timing vertiginoso a coreografia aparentemente arrastada dos veteranos *capitani* – os garçons titulares. Entre o pedido e o bellini que chega à mesa, passa-se um minuto, se tanto. Mas o melhor dos truques do Harry's Bar é a conveniência de abrir às dez e meia da manhã. Você acaba de chegar de viagem e tem de esperar o check in no Gritti ou no Europa? Não há coisa melhor do que fazer hora do Harry's Bar. Eles têm até um compartimento para guardar sua valise.

O Harry's Bar, em Veneza: bellini, carpaccio e o fantasma de Hemingway

O bellini clássico do Harry's Bar: polpa de pêssego e Prosecco, até de café-da-manhã

Como Veneza convida, desde muito cedo, a que se brinde a embriagante beleza de sua decadência, aquela lassidão de águas capaz de arrancar em cada um de nós surtos românticos como no filme que Woody Allen fez só para poder beijar a Julia Roberts (*Todos dizem que te amo*, de 1996), é bom se prevenir: não será culpa do vinho do Vêneto se você se perder a caminho do hotel. A cidade se diverte, nos seus ziguezagues confusos e becos sombreados, à custa dos turistas desgarrados. E nem se assuste com a impressão de que anjos estão despencando sobre sua cabeça. São anjos, sim – anjos de pedra ou de gesso que se desprendem, de repente, das fachadas barrocas corroídas pelo tempo, mirando os pedestres desavisados. Se isso acontecer, não é que você bebeu bellini demais, não.

Hemingway encontra sua geração

❦

Personagem do Harry's Bar, tanto na ficção quanto na realidade, Ernest Hemingway vai freqüentar muito este nosso livro, a partir de agora – ainda que muitas vezes trôpego, fazendo ziguezague, sempre de ressaca.

Hemingway era um homenzarrão de mais de 1,80 metro e compleição atlética, o que lhe dava ampla vantagem no que dizia respeito à capacidade de armazenar álcool – bourbon e gim sendo os seus favoritos.

Já era um escritor de fama quando, na Europa do pós-guerra (a Primeira Guerra, bem entendido), veio se juntar àquela legião cigana de americanos que, beneficiados pelo dólar favorável, sonhavam em ver seu talento artístico desabrochar de repente ao pé da Sainte Chapelle ou sob a inspiração do sol de Cap d'Antibes. Como passaram à história como Lost Generation, a geração perdida, é legítimo supor que o sucesso deles foi relativo.

Hemingway, não: foi tão bom na máquina de escrever quanto de copo na mão e deixou para a posteridade uma trilha em que o álcool coincide com o talento. Na Espanha (que ele percorreu com regularidade nos anos 1930 e 1940, insuflado por mais uma de suas bandeiras de virilidade, as corridas de touro), até muito recentemente não havia um botequim digno do nome que, num canto, não tivesse uma cadeira ou uma mesa que dissesse: "Aqui bebeu Ernest Hemingway". Em geral, era verdade.

Na Paris de uma época que já não era tão belle, foi na Closerie des Lilas, em Montparnasse, que ele fez o ninho dele, e até hoje rebanhos de japoneses sobem lá dos Jardins du Luxembourg para registrar em suas câmeras o mito, na forma de um café-restaurante agora caríssimo e, na verdade, medíocre.

Mas Hemingway foi o supra-sumo do boêmio, daqueles que fazem a reputação de qualquer lugar pela sua simples presença ali. E, lá na esquina de Montparnasse com o Quartier Latin, ele ainda contava com um impressionante elenco de apoio, os ciganos literários com sotaque americano. Uma vez, deixou que se sentasse à sua mesa o dândi Ford Maddox Ford – que ele odiava. Ford perguntou:

"O que você está bebendo?"

"Conhaque", respondeu Hemingway.

"Não sabe que começar a beber conhaque é fatal para um jovem escritor?"

"Ah, é? Você bebe sempre? Não é sempre que eu bebo."

Hemingway não era dado a sutilezas, mas dessa vez saiu. Em *Paris é uma festa* (memória que cobre o período entre 1921 e 1926), ele conta que a Closerie des Lilas era conveniente por vários motivos:

*Ernest Hemingway: tem cadeira
com seu nome em todos os bares da Europa*

*Scott Fitzgerald: a Lost Generation
se refugiou em Paris – e nos cafés literários*

ficava perto de casa, era bem aquecida, tinha um agradável terraço para o verão e a primavera, e não haveria nenhum perigo de que aparecesse por lá aquela gente do Rotonde, do Dôme e da Coupole, vizinhos de *arrondissement*, onde os frívolos iam buscar – como fazem os atuais colunáveis – "uma migalha de imortalidade".

Já na Closerie era possível ver o poeta Blaise Cendrars, "com a cara quebrada de boxeador e a manga vazia do paletó voltada para cima e presa com alfinetes, enrolando um cigarro com a mão que lhe sobrava". E, é claro, a bordo de sua tresloucada Zelda, o magnífico Scott Fitzgerald, a quem Hemingway, porém, por puro ciúme profissional, jamais quis ceder o mérito de protagonista.

Com aquela macheza truculenta com substrato de sadismo, Hemingway explorava as inseguranças literárias de um autor que, no entanto, era muito mais requintado do que ele; humilhava Scott, fazia-o sofrer. Quando ficou claro quem era a autêntica estrela das letras ali, o grandalhão Ernest desafiou o frágil Scott para um tira-teima lá no banheiro, do tipo "Quem é o mais bem-dotado?". A história, com fragrância de lenda, não registra quem saiu vencedor. Mas há uma pista: ao contrário do fanfarrão Hemingway, Scott seria incapaz de alardear publicamente uma coisa dessas.

Entre a Europa e a América, Hemingway bebeu um oceano. Mas o Harry's Bar – que ele ajudaria a eternizar – só em 1950, depois da Segunda Guerra, ganharia dele o privilégio literário. E, em *Do outro lado do rio e entre as árvores (Across the river and into the trees)*, não mais como cenário, mas na condição de protagonista tão importante quanto o coronel Richard Cantwell, alter ego do escritor, criatura dilacerada entre o amor por uma jovem condessa italiana e o fantasma de 122 inimigos executados em combate – o que, sabe-se agora, é cruelmente autobiográfico.

Enquanto se encharcava de negrone e dry martini no aconchego dos Cipriani, Cantwell-Hemingway balbuciava com seus botões: "Eu sou um porra de um felizardo e nunca deveria ficar triste por nada". E, de novo, mergulhava na melancolia, a cantoria dos gondoleiros, lá fora, impregnando a alma junto com os odores desagradáveis da laguna.

Também naquela Cuba em que se refugiaria na década de 1950, em busca de paz para escrever e de marlins para pescar, o bar era seu lar. Recorria aos mojitos da Bodeguita del Medio com sede de retirante, freguês de carteirinha, assíduo, de língua solta. De vez em quando, revezava com La Floridita, onde o forte eram os daiquiris. Tinha um quarto no hotel Ambos Mundos e uma pequena mesa de trabalho que lhe batia no peito, e era ali que ele batucava sua Remington, sempre de pé, descortinando a entrada fortificada do porto de Havana. Quando a inspiração secava, Papa Hemingway saía para umedecer o paladar.

Sua escrita era destilada, com *punch* de armagnac. Mas falava tanto de bebida que não há leitor que não saia de suas páginas trocando as pernas, inebriado. De mais a mais, o superboêmio Hemingway não dá dor de cabeça no dia seguinte.

Pubs, cafés e zincs

❦

O inglês bebe em pé, o francês bebe sentado, observou candidamente um viajante americano na virada do século 19 para o século 20 – e não dá para dizer que a, digamos assim, ergometria do drinque tenha desde então se modificado. O fato é que, a julgar pela postura anatômica na hora do aperitivo, França e Inglaterra continuam muito mais distantes do que faz supor o canal da Mancha.

No pub – "uma das mais belas instituições que conheço", anotou in loco o expoente Carlinhos de Oliveira –, é como se tivessem ímã aquelas convidativas torneiras de lagers e stouts. Mesmo quando sobra lugar nas gordas poltronas de couro, sob austeras paredes de lambris de carvalho e de espelhos pintados, as pessoas acotovelam-se no balcão. O garçom e o barman são de uma formalidade radical, quase indecorosa, sempre com um *Thank you* na ponta da língua mesmo quando você tenta exauri-los de tanto pedir a penúltima.

O escritor, dicionarista e jornalista Samuel Johnson (1709-84), com seu corpanzil guloso, regalava-se com esse tratamento cerimonioso tanto quanto com as codornas ao Madeira que lhe eram servidas na taberna vizinha à sua casa da Grub Street. O Ye Olde Cheshire Cheese, "reconstruído em 1666", como diz seu letreiro, continua na ativa, naquela Fleet Street com cheiro de tinta de imprensa, bem coração da City, e a data não é nenhum exagero, uma vez que, antes do grande incêndio de Londres (que devastou a cidade), já havia ali uma taberna e, mais para trás, no século 14, um mosteiro carmelita que tinha o hábito de abrigar viajantes esfomeados.

O eletrocardiograma do atual pub britânico sempre indica uma alteração ansiosa à medida que as onze da noite se aproximam e, embora certos night clubs tenham hoje licença para invadir a madrugada vendendo seus pints e seus shots, a tradição ainda vigora para a maioria: faltando dez minutos, o sino estrila e é hora para pedir o *farewell drink*. Até hoje, quando se tenta amaciar a lei, há sempre alguém trazendo de volta a lembrança daquelas gravuras de William Hogarth – *Gin Lane, Beer Street* –, com os sombrios efeitos das bebedeiras na Londres da metade do século 18. Faz trezentos anos, mas vocês sabem como os ingleses são apegados às imagens do passado.

Se há uma única coisa que os irlandeses aceitaram de bom grado de seus colonizadores ingleses, foi o prazer do pub. Aperfeiçoaram-no com sua própria cerveja escura – sendo a Guinness a mais conhecida – e a sábia decisão de esquecer o relógio. Na Irlanda, há pubs que não dormem, em especial no Temple Bar, o bairro de Dublin com o maior número de bares por metro quadrado em todo o mundo. Nem a Vila Madalena, de São Paulo, é páreo. Uma loucura: o Temple Bar (atenção: esse Bar aí vem de Barrier, nada a ver com nosso *bar*) tem tantos pubs quanto Copacabana tem drogarias.

*O Ye Olde Cheshire Cheese, em Londres:
a última reforma, diz a placa, foi em 1666*

O Deux Magots, em Saint-Germain, tem uma pendência com o vizinho Café de Flore

A Irlanda fez dos pubs uma forma de arte, e não é por mera coincidência que o país dos degustadores é também o país dos escritores. Muitos e muitos do primeiríssimo time. A literatura ali tem tal sintonia com a sincopada melodia dos copos que ninguém há de estranhar se, lá pelas tantas, você começar a ver, espreitando-o lá do cantinho mais escuro do salão, os fantasmas de Oscar Wilde, de W.B. Yeats, de Samuel Beckett, de James Joyce, de Patrick Kavanagh. Bem, se não forem fantasmas, poderão ser os painéis desenhados na parede. Pubs irlandeses adoram celebrar dessa maneira seus maiores ídolos.

Já na França, senta-se. Não se trata de ato banal. Para beber, senta-se com tal convicção que, de repente, escolher o lugar para seu *balon de rouge* passa a ser um ato ideológico, de afirmação política, de resistência facciosa. Pelo menos foi o que Adam Gopnik, correspondente da revista *New Yorker* em Paris, percebeu na tensa rivalidade que existe entre os vizinhos mais famosos de Paris: o Café de Flore e o Deux Magots.

O Deux Magots fica diante da igreja de Saint-Germain, num largo suficientemente espaçoso para servir de terraço para suas mesas e cadeiras. Há mais de um século, o Flore encolhe-se, do jeito que dá, a seu lado, já de frente para o boulevard Saint-Germain. O Deux Magots sempre foi o mais estrelado: Juliette Gréco, Sartre e Simone, Camus, todo um intenso tráfego de intelectuais nas pegadas do pioneiro Oscar Wilde. Foi lá que Sartre descobriu O Garçom. Descreveu-o, filosoficamente: "Seu movimento é rápido e direto, um pouco preciso demais, um pouco rápido demais. Ele vem em direção aos fregueses com um passo ligeiramente apressado demais. Ele se curva um pouco ávido demais, seus olhos expressam um interesse demasiado solícito para com o pedido do freguês".

Nos anos 1940, com a ocupação alemã, o Deux Magots dava-se ar de resistente, e, naturalmente, a extrema direita preferiu se instalar no Flore. Hoje, a situação se inverteu. O palpite de Gopnik é de que os turistas entupiram o Deux Magots na esperança de um tête-à-tête com Sartre, Simone e os outros e, mesmo à falta deles, continuam por lá, com sua ansiedade cafona. O lugar tornou-se insuportavelmente lotado, barulhento e artificial. Aí, os freqüentadores assíduos, os verdadeiros intelectuais da Sorbonne, os alunos da Beaux-Arts perceberam que o Flore estava vazio, em sua informalidade sem pretensão. O ícone da gastronomia do Flore, acreditem, é o ovo cozido – igual ao de qualquer boteco da ilha do Governador.

Resultado: o Deux Magots é hoje o lugar onde o parisiense cioso de sua reputação jamais irá botar o pé. Virando a esquina, o Flore saboreia, com a simplicidade de sempre, o direito de ser chique, chiquíssimo – sem abrir mão de certa fragrância de rebeldia. Numa madrugada normal, eis que você nota, à sua direita, a californiana Lauren Hutton, a ex-top de dentinhos separados, bicando uma *coupe* de Veuve Clicquot. Sozinha, óculos de grau, livro no colo. Chega Karl Lagerfeld, o kaiser da *haute coûture* da Dior. Entra com pose imperial, aboleta-se à mesinha estreita, pede uma taça de Saint-Émilion e um omelete. Sai meia hora depois. Aquilo que Proust dizia: a fórmula da elegância é naturalidade com distinção.

Em Paris, o café em geral se resguarda do assédio da vulgaridade, a menos que você seja Madonna ou Brad Pitt. Escritores e pensadores, com suas eruditas conversações, sempre se aninharam em cafés que, por culpa ou mérito deles, segundo o tipo de seus habituês, acabaram por ganhar a senha de alguma linhagem acadêmica ou partidária. Desde sempre foi assim. Do mesmo modo que os americanos da Lost Generation tinham suas cidadelas nos anos 1920, antes deles, na primeira década do século, Pablo Picasso, seu protetor Max Jacob e sua tribo de vanguardistas turbulentos haviam incendiado os cafés malcheirosos de Montmartre com a invejável capacidade de rir, cantar, beber e dançar à noite.

"O primeiro se chama Zut, um bar da rue Ravignan onde se reúnem todos os anarquistas da Butte [de Montmartre]", narra Dan Franck em seu livro *Os boêmios* (editora Planeta). "São três salas contíguas, cada uma mais lúgubre do que a outra. O lugar, um tanto sinistro, é iluminado por lampiões e dirigido por um homem baixinho que usa um gorro, uma barba comprida, calças de veludo marrom, tamancos e um cinto de flanela vermelho gritante. Chama-se Frédéric Gérard, vulgo Frédé. O bar fica aberto a todos os pobres, a todos os excluídos da cidade. Mesmo sem conhecer uma só nota musical, o proprietário toca violão, e às vezes violoncelo. Canta romanças parisienses, freqüentemente acompanhado de outros artistas que vêm dar uma ajudinha. Do lado de fora, circulam as prostitutas, os malfeitores, os desertores, as gangues que se enfrentam com facas, os falsários, os adulteradores de selos."

O lugar só serve cerveja. Para comer, presunto com ovos – implorando-se muito. Lá fora, os *apaches* – bandos de gigolôs exibicionistas – fazem arruaças. Frédé tranqüiliza os imigrantes sem documentos: se a polícia chegar, ele tem onde escondê-los. Picasso, jovem e exuberante, sente-se em casa. Menos de cinco anos depois, já com algum dinheiro no bolso, sai da vizinhança para jamais botar o pé por lá.

Mas é Els Quatre Gats, de Barcelona, que reivindica até hoje a condição de estufa primordial do precoce talento de Picasso. Aberto em 1897, por um ex-garçom do Le Chat Noir, de Paris, no térreo de um prédio do Barri Gòtic com vitrais coloridos e traçado anticonvencional, a *cerveseria i restaurant* logo identificaria no cliente de dezessete anos um gênio em potencial. Em 1899, concedeu-lhe o espaço para sua primeira exposição e ganhou dele, em troca, o desenho de capa para o cardápio.

O mesmo que ainda ilustra o menu, que, claro, do original guarda pouco. O próprio lugar foi modificado, ampliado, renovado, especialmente para sua reabertura nos anos 1970, fechado que estava desde o início da Guerra Civil. Além do nome, resta ao Els Quatre Gats a mística do seu cliente mais notável e mais irrequieto. Os biógrafos são unânimes em afirmar que, até os oitenta e tantos anos (ele morreu aos 91), Picasso manteve vivo seu interesse por bebidas e por mulheres.

Há uma passagem em *Macbeth* em que MacDuff, lorde escocês, dialoga com o porteiro do castelo a respeito dos efeitos do álcool. "Quanto à luxúria, senhor, ele provoca e não provoca", afirma, com convicção, o porteiro. "Provoca o desejo, mas leva embora a execução." É porque Shakespeare não conheceu Picasso.

*Picasso, pobre, trocava desenhos por comida
no Els Quatre Gats, em Barcelona*

*O McSorley's, em Manhattan,
ficou até os anos 1970 livre das mulheres*

A patrulha moral

❦

Houve época em que era proibido beber nos Estados Unidos. Foi um desastre. A Prohibition ou Lei Seca – o malfadado Volstead Act, mais a 18ª emenda à Constituição – começou à meia-noite do dia 17 de janeiro de 1920 e durou treze anos. Salvou pouca gente do alcoolismo e gerou Al Capone.

Moralismo por decreto nunca funciona. Na sementeira da Lei Seca, não brotou a virtude; floresceu o pior gangsterismo. E, ah, a hipocrisia. Os americanos – 105 milhões era a população no pós-guerra – continuaram bebendo. Por baixo do pano, atrás do balcão, no *speakeasy* (bar clandestino) que surgiu a cada esquina.

"Mais de 1500 agentes da lei, os crachás reluzindo, os revólveres azeitados e os dedos trêmulos sobre o gatilho estavam na ponta do casco, prontos para pular em cima do demônio da bebida, onde quer que ele aparecesse com sua horrenda caneca." Assim um escritor descreveu "a gloriosa marcha" rumo "à grande transformação", em seu marco zero. Virou piada. Nas destilarias clandestinas, os *bootleggers* (contrabandistas) multiplicavam os estoques. Para cada Elliot Ness caxias, cumpridor da lei, havia mil policiais corruptos.

O McSorley's, da Seventh Street, ali onde o Bowery acaba e o Lower East Side começa, em Manhattan, ainda está lá até hoje, com seu assoalho coberto de serragem e teias de aranha dignas da família Addams, para recordar, com gargalhadas estrepitosas, o que foi a Era do Ridículo. O McSorley's existe desde 1854. É o mais antigo bar de Nova York, o clássico dos clássicos – aqueles botequins com jeitão tão esculachado que alguém vai fatalmente pensar: pelo menos a bebida deve ser ótima. E é. A bebida e aqueles Irish stews (cozidos) de levantar defunto no inverno. Lugar de antologia, tanto que até livro ele tem, escrito por Joseph Mitchell, o gênio da *New Yorker*.

Os irlandeses que se sucedem atrás da registradora – o apóstrofo e o Mc são legítimos – jamais cogitam a idéia de "decoração". Objetos chegam e ficam, para todo o sempre. Assim como, pelo visto, os freqüentadores. Alguns dão a impressão espectral de estarem por lá desde os tempos das gangues de Nova York. Até os anos 1970, mulheres não eram bem-vindas. A lógica dos irlandeses é implacável: mulher e cerveja é mistura forte demais para qualquer homem. Mas a etiqueta exigia compostura. Não é que se barrasse à porta uma frágil figura do sexo oposto. Simplesmente não havia banheiro adequado a elas.

Veio a Lei Seca, e o que fez o McSorley's? Não fez nada. Quer dizer: eventualmente tratou para que jamais faltasse algo de forte, vigoroso, recendendo ao rio Liffey, de Dublin, nas canecas da clientela. Passou a destilar sua própria cerveja. Mas não precisou disfarçar, esconder, ocultar. A polícia de Nova York, encarregada de zelar pela Lei Seca, era metade italiana, metade irlandesa. Onde é que os policiais irlandeses haveriam de matar a compreensível sede senão no familiar aconchego do McSorley's?

O McSorley's ainda se diz saloon e abre com aquelas portas de faroeste, saudosas do século 19. Mas a freguesia não precisa se inquietar: não vão entrar por ali, chutando as portas, nem o xerife Wyatt Earp nem os facinorosos irmãos Clanton. Por mais turístico que seja o charme de sua longevidade, o bar da Seventh Street funda-se na fidelidade da *neighborhood*. A vizinhança da Cooper Square muda cada vez mais, como se quisesse aparecer na *Vogue*. O McSorley's resiste – e, numa atmosfera dessas, de aburguesamento, só o charme do passado não é uma trincheira segura. O McSorley's tem alma – eis o segredo.

O P.J. Clarke's também tem, por mais que tenha vendido a sua ao demônio do modismo. Desde 1864, está lá na esquina da Third Avenue com a 55th Street, e tanto sua mística quanto seu nome se devem a um imigrante irlandês que chegou a Nova York na virada do século 19 para 20. Patrick J. Clarke não era o dono, era o bartender, mas foi ele quem deu dignidade aquela barafunda numa época em que trens elevados ainda circulavam sobre a sombria avenida.

A confusão, o bar intransitável, aquela espera interminável, o obrigatório uso dos cotovelos para ocupar, horas depois, a sua mesa, tudo aquilo entra na conta da mitologia, da Guinness na temperatura e do hambúrguer campeão, mas, depois que Woody Allen botou o Clarke's num filme e Paulo Francis adotou-o como escritório, a antiga jóia do East Side passou a refletir sua vizinhança afluente e mauricinha. Hoje, o P.J. Clarke's é como um bar retrô que tivesse sido construído para simular o saloon antigo que, na verdade, ele é (com os cabides para chapéus preservados, como se chapéus ainda houvesse).

No quesito autenticidade, palmas para o Algonquin, em cujo bar alguém ainda há de ouvir as gargalhadas de Dorothy Parker, as provocações de Edmund Wilson e o espreguiçar do gato de estimação do hotel. O Algonquin era o que um bar literário tem de ser. Discreto, aconchegante, protegido pelo atlético concierge Michael Lyons, o perfeito ponto de encontro para a *crème de la crème* daquela inteligentsia que se revezava entre a Broadway e a *New Yorker*, ali vizinhas. A legendária Round Table (Mesa Redonda) ainda está lá, ao lado do piano, e olhando-a hoje você se pergunta como é que cabia àquela coisinha tanto talento de palco e de pena.

A Round Table começou a funcionar entre 1919 e 1920, e suas estocadas de ironia, picardia e inteligência perenizaram o carisma do Vicious Circle (Círculo Vicioso), cuja audiência gravitava em torno de Dorothy Parker, nascida Dorothy Rotschild, ex-professora de piano, poeta e agora cronista da *Vanity Fair*. Seu humor era uma adaga. Certo dia, vieram lhe contar que o presidente Calvin Coolidge tinha morrido. "Mas como é que perceberam?", fuzilou ela.

Ms. Parker era bonita, talentosa e disponível. Equilibrou, com apetite, seu amor por homens e drinques. Hoje, os coquetéis do Algonquin citam no guardanapo uma frase dela: "Adoro um martíni – no máximo, dois. Com três, eu já estou debaixo da mesa. Com quatro, estou debaixo do anfitrião".

A escritora Dorothy Parker não se responsabilizava pelo que acontecia depois da terceira dose

O Oak Room do Plaza, com lambris de carvalho, mereceu até filme de Resnais

A América das duas medidas

❦

O francês Alain Resnais fez um filme inteiro (*Dinner avec André*), em tempo real, no Oak Room do Plaza, que ficava naquele vértice mais luxuoso do Central Park East. Digo "ficava" porque o Plaza virou prédio de apartamentos e a Christie's tratou de passar no martelo as relíquias do romantismo e glamour que se foram. Já o Peacock Alley, do Waldorf Astoria, tem todo o direito a uma presunção *very British*, de lambris de jacarandá, poltronas de couro e cortinado de veludo, como convém a um autêntico clube inglês onde se bebe single malt e se joga backgammon. O Waldorf Astoria não tem mais a mesma nobreza, mas o Peacock Alley resiste.

Na cultura anglo-saxônica, bar de hotel é sempre o oásis para solitários, desesperados e náufragos sedentos de qualquer líquido mais forte. Ainda que, sendo anglo-saxão, você esteja num país… hum, latino. Assim acaba sendo. Em *O sol também se levanta*, do nunca demasiado citado Ernest Hemingway, Jake encontra Brett no bar do Palace, em Madri. Sentam-se nas banquetas altas enquanto o barman mistura os martínis numa grande coqueteleira niquelada.

"Maravilhosa essa gentileza que existe no bar de um grande hotel", diz Jake.

"Os barmen e os jóqueis são as únicas pessoas bem-educadas que sobraram", observa Brett.

Não importa quão vulgar é um hotel, o bar é sempre simpático.

O J-Bar, do Jerome, em Aspen, foi um dos que sobreviveram à Lei Seca, com uma marota piscadela para a freguesia. Quando a patrulha do álcool baixou, em 1920, ele virou lanchonete. Servia refrigerantes e um delicioso milkshake. Mas, se o cliente pedia Aspen Crud (*crud* é "substância repelente"), o balconista tratava de despejar no milkshake doses e doses de bourbon. Drinque de fato nauseabundo, mas, naquelas condições, o que fazer?

Libações proibidas também foram parte da rotina do bar do hotel Del Coronado, em Coronado, Califórnia – possivelmente a mais linda pérola vitoriana do gênero em todos os Estados Unidos. Está ali desde 1888. O balcão, de quinze metros, descrevendo um ângulo de noventa graus, numa das pontas, e de cinqüenta, na outra, foi esculpido na Pensilvânia e despachado de navio para a costa do Pacífico, pelo cabo Horn. Outro clássico americano, o Cruise Room do hotel Oxford de Denver, tem na certidão de nascimento uma data marcante: 6 de dezembro de 1933. O dia em que a Lei Seca caiu. Quer dizer: o Cruise Room já nasceu comemorando.

O aqui subscrito freqüentou um curso para barmen quando de uma temporada sua em San Francisco, na Califórnia. Decepcionou-se. As aulas se preocupavam muito menos em cultivar o mistério alquímico dos melhores coquetéis e muito mais em aprimorar aquela destreza pirotécnica de filme de Tom Cruise.

Nossa idéia de bartender é a daquele psicanalista sem diploma que dá plantão, full time, com um scotch ou um chopinho já engatilhado na mão. O sábio do balcão. Hollywood adora um barman embebido em filosofia.

Lembrei San Francisco, e San Francisco merece atenção especial por ser a cidade que é. Nasceu em 1849, entornando a caneca e caindo de bêbada, naquele clima barra-pesada de turbulentos marujos e garimpeiros da Barbary Coast – o bairro de onde escoava o ouro da súbita e milionária corrida. De um século para outro, passou da mais tosca brutalidade ao maior requinte. É a metrópole da naturalidade sofisticada, culta, relax e desencanada.

Ao lado da City Lights, a livraria dos beatniks, o Vesúvio sabe contar muitas histórias a respeito deles. Como, por exemplo, aquela noite em que Jack Kerouac resolveu tomar ali a saideira antes de se juntar a William Borroughs e Allen Ginsberg no Big Sur. Tomou uma, pediu outra. Foi ficando. De vez em quando, descia ao subsolo e ligava para a dupla do telefone público: "Estou chegando". Era sábado. Na segunda-feira, ainda estava por lá.

Ali, em North Beach, a Itália faz fronteira com a China. Por Itália, entenda-se o saudável hábito do café de bom blend e da grappa que se segue. Numa mesa do Caffè Trieste, reza a lenda, Francis Ford Coppola rascunhou o primeiro esboço do *Chefão*. A Zoetrope, o estúdio de Coppola, é vizinha, descendo a Columbus Avenue, facultando-se escala para reabastecimento no Tosca, com poltronas de plástico vermelho na melhor estética anos 1950, onde um desavisado pode nem perceber, de tão casual que é a atmosfera do lugar, que aquela Sharon Stone é mesmo Sharon Stone e que o rapaz de topete na testa que tanto se parece com Sean Penn por acaso é Sean Penn. A ex-modelo Lauren Hutton, a gente já finge nem ver.

Sem que fosse preciso reformar a Constituição (como aconteceu lado a lado com o Volstead Act), os Estados Unidos vêm sofrendo de uma triste recaída na ânsia do patrulhamento moral. Beber em público virou ato mais condenável do que promover assassinato em massa em países estrangeiros. A idade mínima para se chegar perto de um copo de vinho – que na Europa é servido às crianças como fortificante – é 21 anos. Até na liberal San Francisco é curioso lembrar o que aconteceu recentemente quando o prefeito arranjou namorada nova. Gavin Newson é bonitão, jovem e solteiro. Passou a sair com uma garota de vinte anos. Ninguém se ocupa se eles estão felizes ou não. Todos os olhares se voltam é para checar se a menina não vai, um dia, pedir uma cervejinha no bar. Será o apocalipse.

Francis Ford Coppola, produtor de vinhos, gourmet, glutão, e sempre vizinho da boa mesa

Humphrey Bogart, aliás, Rick Blaine, em Casablanca: *bar para conspiradores*

Me serve mais uma, Sam

❈

Hollywood sempre adorou um bar. Antes, durante e depois do expediente. Insisto: durante, também. Não existiria faroeste sem saloon nem Humphrey Bogart sem dry martini. Há toda a cinematografia dos anos 1940, 1950 e 1960 – George Cukor, Rouben Mamoulian, Busby Berkeley e, claro, Billy Wilder – que evolui, com rodopios de elegância, em torno de loiras e de coquetéis, e não dá para imaginar o galã da Park Avenue seduzindo a mocinha, seja a esguia Audrey Hepburn, seja a substanciosa Marilyn Monroe, seja a decidida Ava Gardner, a menos que ele traga na mão duas convincentes taças de champanhe.

Mais recentemente, Tom Cruise se adestrou nas acrobacias do *flair*, ou a arte de fazer de um coquetel um momento de circo, em filme que é, ele próprio, a celebração da vida entre um amor e várias garrafas (*Coquetel*, 1988, de Roger Donaldson); e Jim Jarmusch reproduziu em *Café e cigarros* (*Coffee and cigarettes*, 2003) aquele papo furado de boteco, com casting que vai de Roberto Benigni a Iggy Pop, do sombrio Tom Waits à refrescante Cate Blanchett.

O mais famoso bar do mundo – ontem, hoje, sempre – é, não por acaso, graças à sua multimilionária platéia cosmopolita, aquele cavernoso Rick's Bar, de *Casablanca* (1942, de Michael Curtiz), onde a jogatina clandestina campeava, os conspiradores desterrados sussurravam, a traição escutava por trás das colunas, e não havia a menor chance de amolecer o coração do esquivo proprietário, impecável em seu summer jacket de panamá branco, a menos que o pianista viesse a tocar, à revelia do patrão (como daquela vez em que cedeu à súplica de Ingrid Bergman), a infalível "As time goes by".

Na pele do enigmático Rick Blaine, Bogart é o clichê hollywoodiano por excelência, toda aquela carcaça de machismo que, porém, é capaz de transitar de um minuto para outro (e só dessa vez) da paixão à compaixão. Mas não é só de canastrões, valentões e fanfarrões que se constrói a paisagem humana dos bares do cinema. Um estereótipo clássico é o do barman-filósofo, cidadão sutil e sensível que atravessa a narrativa em segundo plano, servindo shots e polindo copos, o qual nunca decepciona quando é recrutado, por alguma alma atormentada, a converter seu balcão de drinques numa espécie de divã de psicanálise.

No próprio *Casablanca*, o maître Carl (na vida real, o exilado húngaro S.Z. Sakall) escuta e encanta, com sua verve excitada e seus toques bem-humorados. O meu predileto, contudo, é o Mike (Clinton Sundberg) do musical *Desfile de Páscoa* (*Easter parade*, 1948, de Charles Walters), que acudiu com pílulas de bom senso aquele Fred Astaire que, de repente, percebe a cegueira de sua insensibilidade e, em desespero, vê escapar-lhe entre os dedos a jovial e talentosa Judy Garland.

Se todos os bartenders do mundo oferecessem o ombro amigo assim como Mike ou Carl, talvez Vinicius de Moraes tivesse podido ficar lá no canto, só bebendo – sem a menor obrigação de escrever aqueles poemas que tanto refrescam as cicatrizes do amor.

*Judy Garland e Fred Astaire,
em* Desfile de Páscoa: *o bar como divã*

Original: a confraria das quartas-feiras

Silêncio,
homens trabalhando

Boêmio que é boêmio não carece de conselho, mas não há como resistir à tentação de prevenir os incautos de certas armadilhas que podem estar espreitando, na varanda de cada birosca desconhecida. Para começar, jamais, em tempo algum, confie em lugar que anuncie na porta, com orgulho estrepitoso: "Aqui tem happy hour". Raciocínio simples: em boteco de competência reconhecida, todas as horas têm de ser happy.

Por isso mesmo é que aquela confraria do Beto Ranieri que se mobiliza desde 1996, todos os fins de tarde de quarta-feira, sem hora para ir embora, na mesa 14 do Original, lugar cativo, reservadíssimo, tem ojeriza quando alguém se aventura a perguntar a eles sobre sua happy hour – termo notoriamente reservado a neófitos e amadores, indigno de quem cumpre, semana após semana, os ritos da conversa, do chope e da comidinha com uma devoção profissional, religiosa.

Chamam-na de "confraria do Beto" porque o Beto é, de fato, uma figuraça, um ímã de amizades inoxidáveis, e também porque era lá na sua renomada charutaria dos Jardins, a Ranieri's Pipes, na Lorena com a Ministro Rocha Azevedo, que a turma sempre fazia o esquentamento, à espera da ansiada hora de abertura do Original. A sede é tanta que já aconteceu de o próprio pessoalzinho da confraria ajudar, com a mão na massa, a alçar as portas de aço.

Tem de ter liga forte um clubinho desses, só de homens, com raríssimas incursões femininas quase sempre resultado de uma minuciosa negociação prévia – camaradas que não se cansam de se ver, de se ouvir e de se falar depois de mais de dez anos de bolinho e bolacha. De fato, a configuração mudou pouco, continuam lá o Dudu, o Salim, o Max, o Chical, os irmãos Tato e Cássio, embora faça falta o Enzo, de saudosa memória. Gente de mil procedências, do mercado financeiro às artes plásticas, do comércio à telenovela, mas o

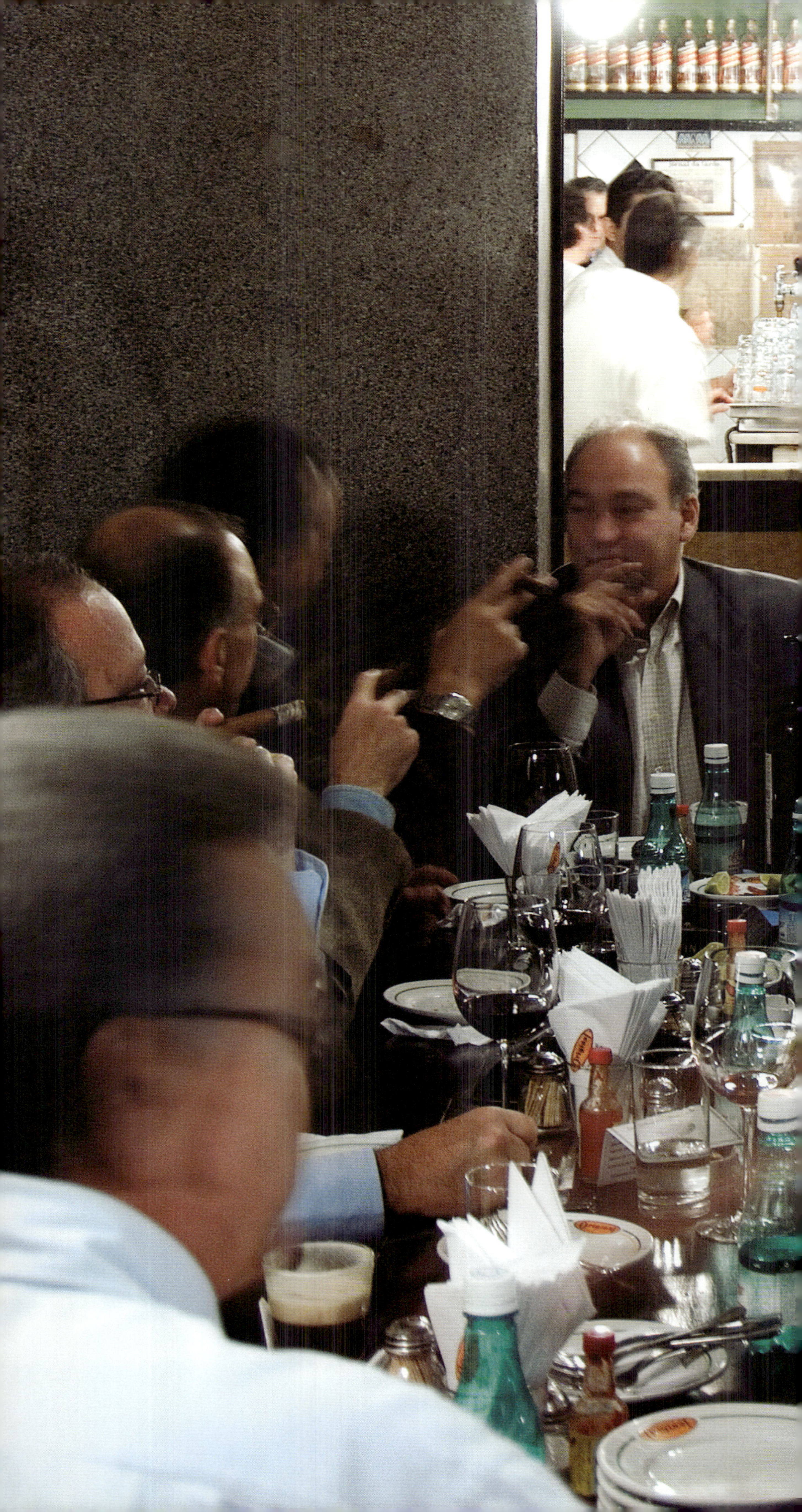

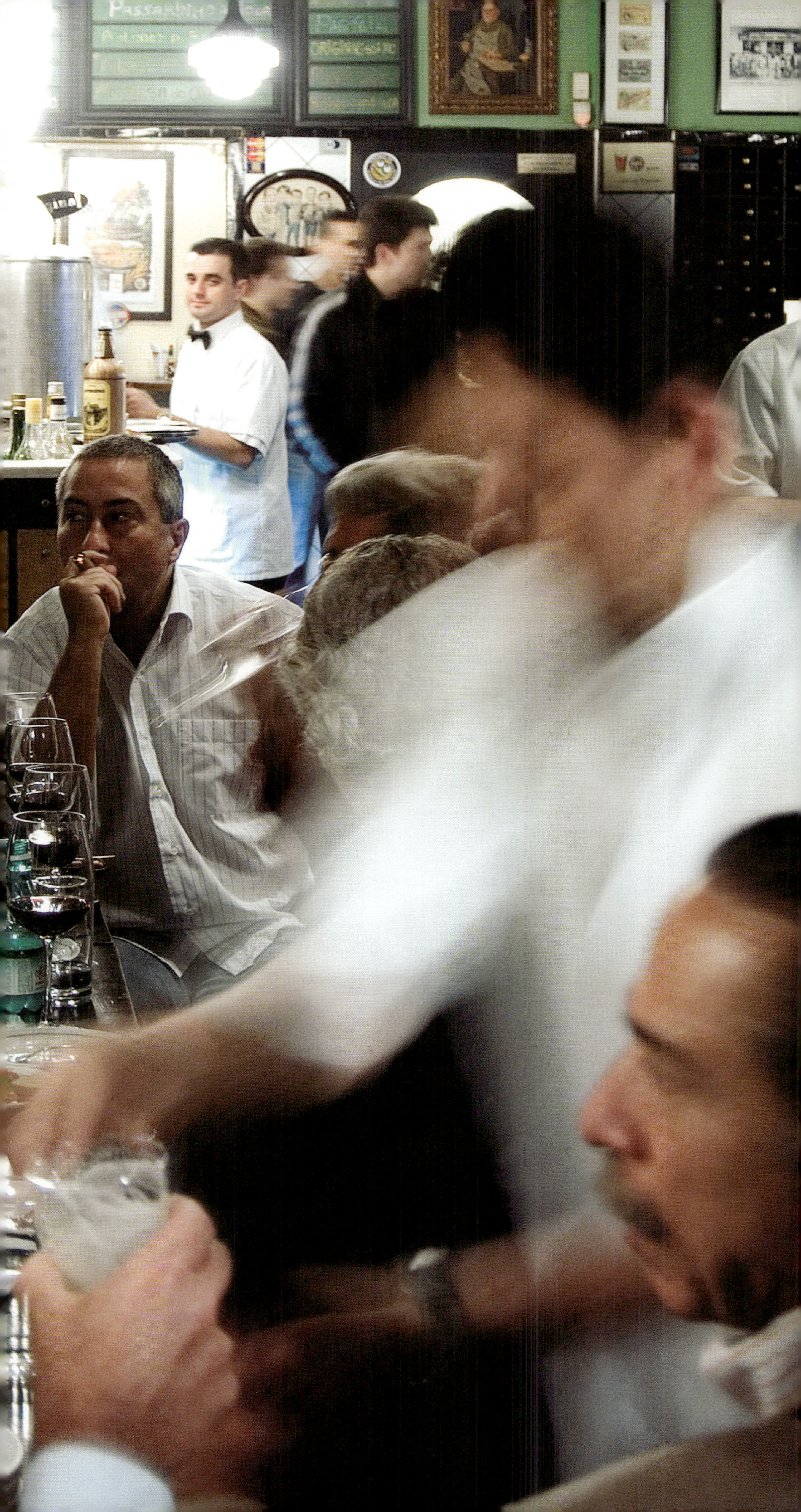

repertório de assuntos os irmana, assim como, é claro, a despreocupação de jamais contabilizar quantos chopes já foram depositados sobre a mesa.

Se o grupo continua fazendo da amizade um caloroso pretexto para o drinque, é bom ressaltar que o segredo do convívio deve muito ao código não-escrito de bom senso que prevalece entre eles, sem que ninguém jamais tenha combinado nada, numa receita de paz e amor que inibe a política partidária e veta aquelas chatíssimas dissertações sobre negócios; onde se acolhe gostosamente o melhor dos temas – mulher – mas se vigia para que a informalidade da conversa nunca descambe para ofensa e baixaria. Afinal, ali só tem cavalheiro, ainda que, no calor do debate, os decibéis de suas vozes possam ir um pouco além do limite.

No Japão, esse tipo de camaradagem masculina pós-expediente tem até nome: *sanjika*. Ao contrário do que acontece com as mulheres, o acolhimento mútuo entre senhores de fino trato prescinde da ansiedade das inconfidências. Quando homem se reúne, não cabe compartilhar dor-de-cotovelo nem coração dilacerado. O que não quer dizer, nem de longe, que bar discrimine os desesperados do amor. Para esses, há sempre um cantinho silencioso – ressalvado integralmente o direito ao soluço, tanto o soluço físico quanto aquele que vem direto da alma.

A confraria do Beto Ranieri é uma instituição tão sólida e respeitável que ele próprio resolveu seguir o exemplo. Transformou sua charutaria dos Jardins em European bar, de jeito a dar aos amigos a nítida impressão de estarem nas Highlands. Na rotina mantida das quartas-feiras, no Original, o Beto diz aos garçons e amigos: "Cuidado, agora sou concorrente". A rapaziada da casa responde sempre: "É só da boca para fora". O Beto sabe que, se aqueles lá são os sócios da casa, ele é que é o verdadeiro dono.

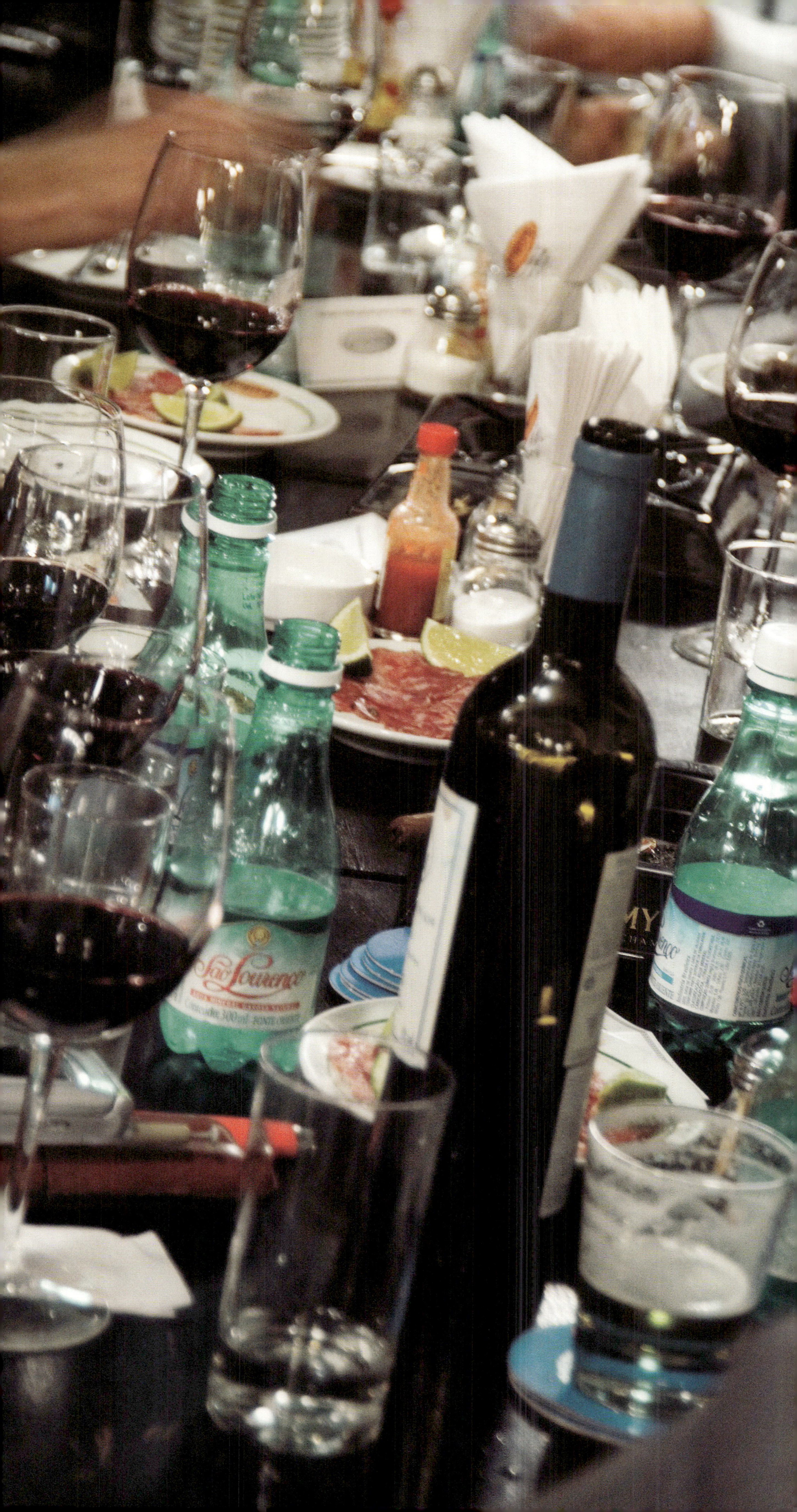
São Lourenço

*O dr. José Aparecido, aliás Neno:
a coisa que mais incomoda no bar é o relógio*

O profissional do prazer

O Boêmio chega de mansinho, muito bem posto em seu quase invariável terno e gravata, a barba aparada como a de um diretor de tele ou, talvez, um executivo de banco – o que, a gente vai saber depois, ele de fato é.

Desliza até o balcão como se tivesse almofadas nos pés, esgueirando-se entre as mesas populosas sem um único esbarrão, sem um safanão sequer, mesmo no auge do rush, com a ginga precisa de quem opera no piloto automático, de cor e salteado, todos os atalhos daquela geografia tortuosa mas já por demais conhecida.

Acena para os amigos, que esperam no balcão (só quando o Boêmio chega é que, reverentemente, eles se aventuram a sentar), e vai cumprir o rito número 1 de um cerimonial invariável. Caminha até a chopeira e beija as mãos do chopeiro. Parece teatro, mas não é. Para o Boêmio, é como reverenciar um santo milagreiro capaz de transformar ali, à frente de todos, um extrato de cevada em elixir abençoado. Com muito creme, claro. "Creme, nunca espuma", ensina ele, com didática paciência. "Quem tem espuma é sabão em pó."

Os garçons os chamam pelo apelido – Neno aqui, Neno ali... E o Boêmio responde a todos pelo apelido, ou pelo nome, com uma intimidade que, assim como o chope, deve vir na temperatura certa. O Boêmio é ícone da casa e merece respeito por ter conquistado, sem nenhum alarde, essa primazia. Mas nada de tapinhas nas costas, piadinhas incômodas, camaradagem esculhambada. Estão todos ali profissionalmente. O staff, para servir profissionalmente. O Boêmio, para beber profissionalmente.

Existe um sistema na boemia, uma legislação não-escrita, um código informal que o Boêmio acata, preserva e cumpre nos mínimos detalhes, ainda que muitas dessas regras tenham sido criadas ao sabor das circunstâncias, algumas até por ele mesmo. Mas o Boêmio é rigoroso, leva a sério seu status e busca Deus nos detalhes, e não apenas no que diz respeito à espessura da espuma – perdão, do creme.

É bem possível, por exemplo, que o Boêmio pule da cadeira e espanque a sapatadas o vizinho de mesa que pedir um chope "estupidamente gelado". O Boêmio é criatura de boa paz, mas diante de tamanha estultice dirá, aos berros, ao indigitado: "Estúpido é você". Outro item do cânone dele que não pode e não deve ser contrariado, ao risco de vê-lo perder o humor, é essa mania de "engolir" o chope. Ainda que você esteja chegando de uma travessia do Saara, o chope, especialmente o primeiro, ou os primeiros, é como uma aventura para se degustar com a necessária lentidão, de forma a prolongar a delícia do encontro.

O Boêmio tem mesa cativa, e, à primeira vista, a predominância masculina indica um tabu – que o Boêmio, porém, descarta com toda a convicção. "Desde que entendam de chope, as mulheres são bem-vindas", jura. "Até a minha." O que não dá é para confundir o objetivo específico daquela confraternização. Mesmo que os olhos dos parceiros se fixem distraidamente, ora e vez, em algum prazer que vá além da bebida e do aperitivo, o Boêmio, ele, está ali para beber – e para, entre um gole e outro, conversar. Trinta, 35 chopes depois – média que o Boêmio mantém, em dias normais –, ele ainda estará sobriamente agarrado a seus princípios.

Quase quarenta chopes por noite – no entanto, ninguém verá o Boêmio fazendo dessa estatística um auto-elogio. A autêntica boemia exige compostura, e o Boêmio vai ao bar para beber, não para contar vantagem. O Boêmio já chegou para "tomar um, rapidinho", e acabou saindo de lá com a alvorada. De táxi, bem entendido (outra regra do bom senso da boemia). O Boêmio é espontâneo, nunca um premeditado. Mas podem desistir de vê-lo, por exemplo, desafiando o recorde da casa, os noventa chopes, ou mais, ingeridos numa mesma noite por aquele volumoso Beto, lá de Santos. E o cara foi embora lisinho, inteiraço, como quem saísse de uma missa. Já o Boêmio não é um atleta do copo; bebe por prazer.

O Boêmio vai lá atrás de "um clima positivo". Ele não tem nenhum compromisso com a imagem nostálgica do boêmio da velha guarda – aquela fossa ambulante, o enjeitado, o sorumbático folclórico, carinha deprê que bebe por desespero e tem grandes chances de terminar a noite na melancolia da sarjeta. Nosso Boêmio é alto-astral, sabe que o botequim é um jeito de botar a vida real em suspensão – mas, solidário. Quando *shit happens*, quando o confrade é demitido, quando o parceiro está na maior dor-de-cotovelo, o Boêmio senta junto e, se preciso, toma um porre com ele.

O Boêmio tem mil histórias, e não é improvável que a lenda tenha abusado de algumas delas, mas esta é absolutamente real. Copa de 2002. Aquele inferno do horário trocado. Jogos de madrugada e no começo da manhã. Véspera de Brasil x Inglaterra. Quartas de final.

O Boêmio e um amigo passam para um drinque. Seis e meia da tarde. A idéia é tomar um chopinho, dois, três no máximo, ir para casa, dormir, acordar, voltar de madrugada para o bar, assistir ao jogo, sete da manhã, e ir para o escritório. Mas aí a conversa fica boa, o chope melhor ainda, e os dois vão ficando, e ficando, e ficando... E aí não é que já está na hora de o jogo começar? É aquele espetáculo, jogo

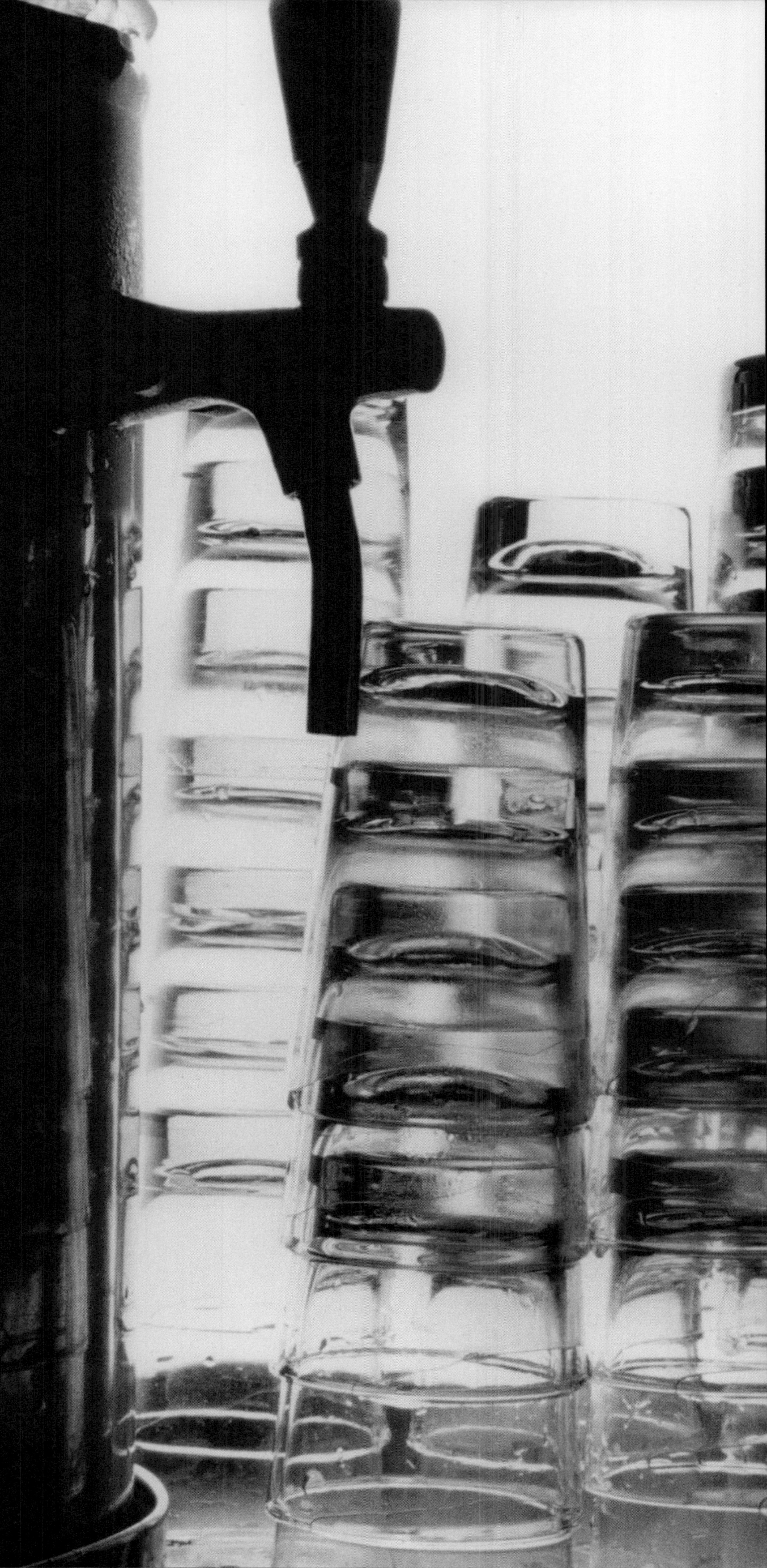

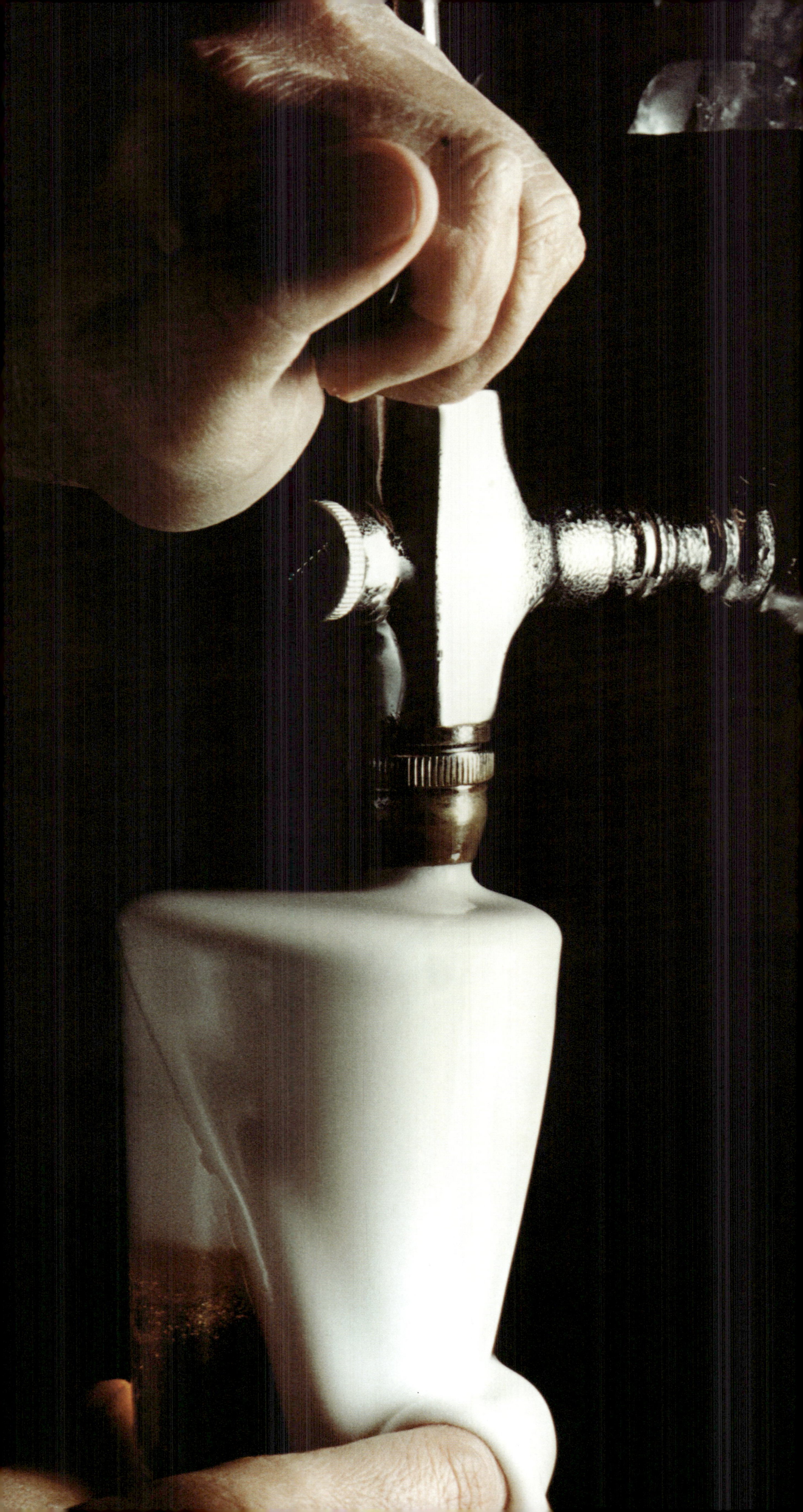

nervoso, o gol do Ronaldinho por cima do goleiro inglês, apatetado, parecia até que a gente tinha bebido demais. Claro que, depois do jogo, pediram uma saideira, mais uma, a mesa-redonda improvisada ali no bar, para falar da beleza do gol do Ronaldinho, e só deu tempo de correr para casa, tomar um banho, trocar o terno e se abalar para o trabalho... sem dormir.

O Boêmio sabe virar uma noite com a maior dignidade. Daquela vez, virou a noite, trabalhou, fechou o expediente, e aí, vocês sabem, deu uma sede danada, e claro que, antes de ir para casa, dar uma descansadinha, já que ninguém é de ferro, tinha de passar pelo bar para... sei lá...

O Boêmio nem precisa de pretexto. "Bar é o segundo lar, por mais que minha mulher esteja convencida de que, no meu caso, é o primeiro", filosofa, entretido em ensinar ao iniciante a superior arte de não deixar o copo de chope grudar no guardanapo que vem embaixo dele. Taí expertise que só os mestres têm. O Boêmio sabe – e até ensina. Mas tem de ir lá no Original para aprender, com ele, o segredo.

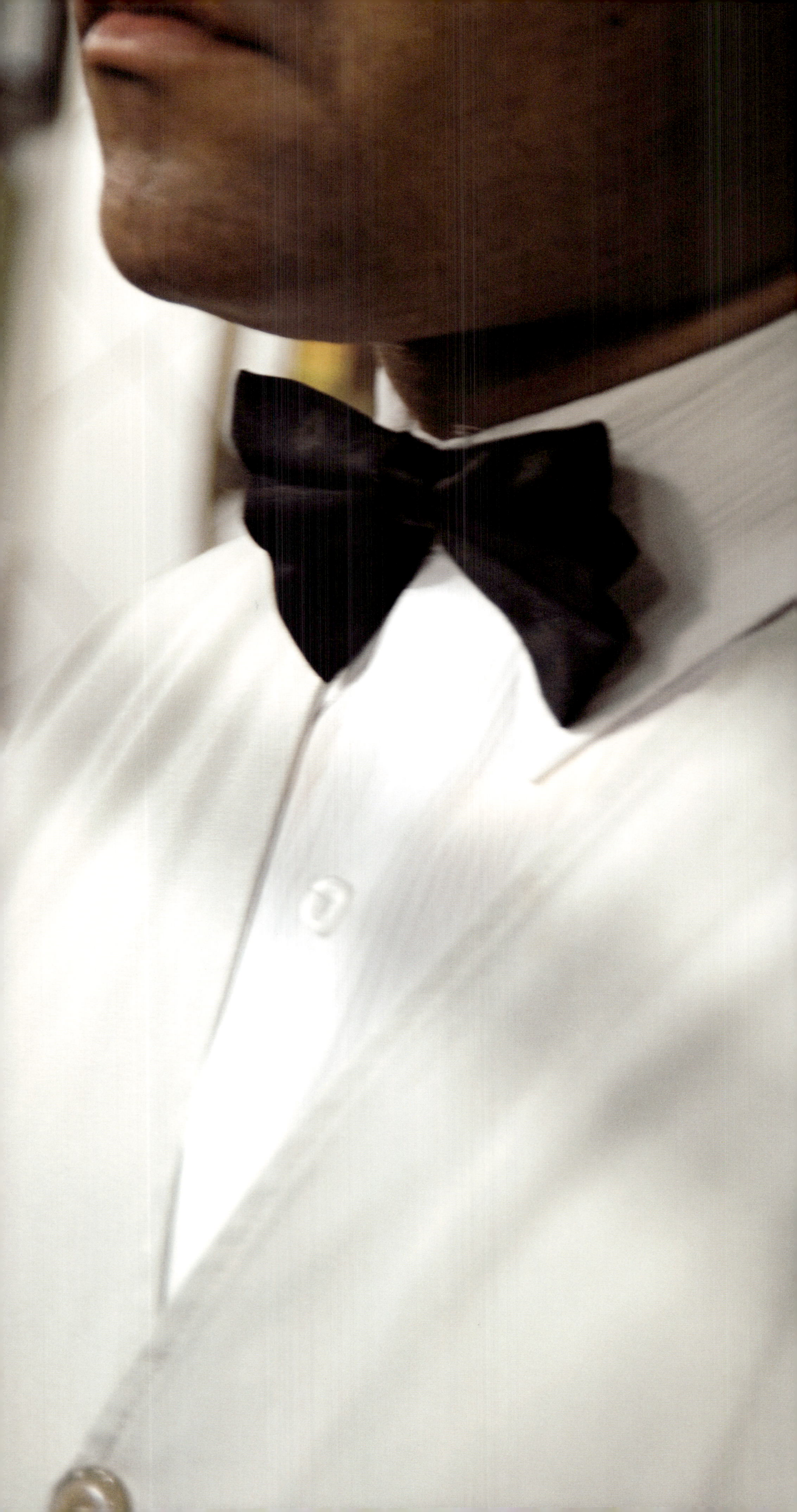

Comidinhas

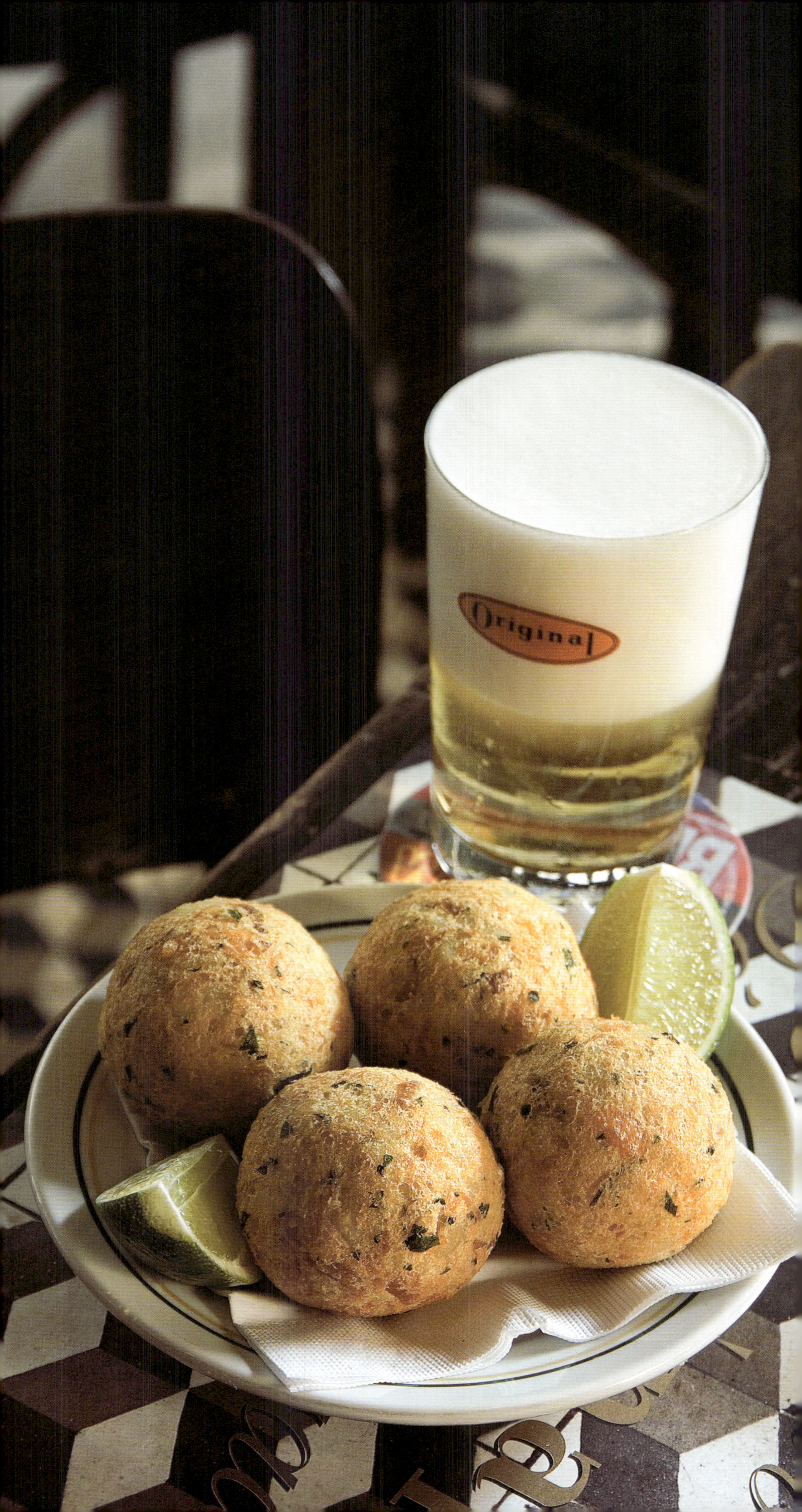
Original

– Bolinho de – Bacalhau

Rendimento
----
15 bolinhos de 80 g cada

Ingredientes
----
500 g de bacalhau demolhado, cozido e desfiado
500 g de batata cozida e espremida (tipo purê)
2 colheres (chá) de salsinha picada
2 colheres (chá) de cebolinha picada
2 dentes de alho picados
1 colher (sopa) de azeite de oliva
3 ovos
molho Tabasco
sal e pimenta-do-reino moída na hora
óleo para fritar

Modo de Preparo

Misture o bacalhau, a batata, a salsa,
a cebolinha, o alho e o azeite.
Aos poucos, vá juntando os ovos até dar o ponto
(quando for possível enrolar
um bolinho na mão e ele se mantiver firme).
Tempere com sal e pimenta
e um pouquinho de Tabasco.
Enrole os bolinhos e frite em óleo quente.

Dica

Para demolhar o bacalhau,
coloque-o de molho em água com gelo
e troque a água de 6 em 6 horas
durante 24 horas.

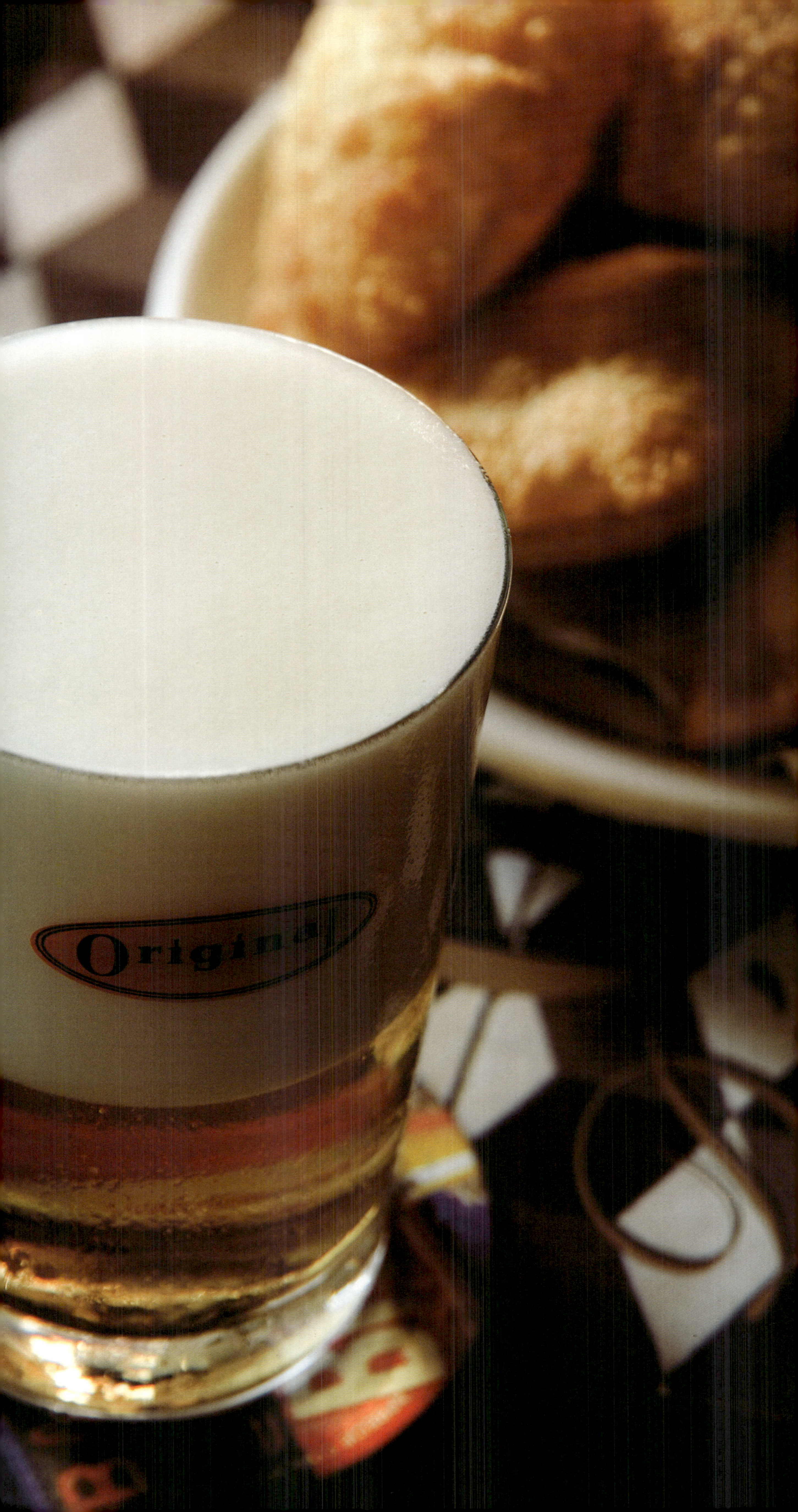
Original

Pastel de Palmito e Camarão

{Recheio}

Rendimento
----
12 pastéis

Ingredientes
----
1 dente de alho picado
35 g de cebola picada
100 g de tomate sem pele e sem semente picado
2 colheres (sopa) de óleo
200 g de palmito em pedaços
25 g de farinha de trigo
75 ml de leite
200 g de camarão médio limpo,
cozido em água fervente com temperos
1 colher (chá) de salsinha picada
massa de pastel
sal e pimenta-do-reino moída na hora
óleo para fritar

Modo de Preparo

Numa panela, refogue o alho, a cebola e o tomate no óleo.
Junte o palmito e a farinha.
Acrescente aos poucos o leite e deixe ferver.
Quando o leite estiver quase secando, acrescente o camarão,
a salsinha, sal e pimenta-do-reino e mexa com cuidado.
Depois de misturado, retire da panela
e coloque numa assadeira para esfriar.
Abra a massa de pastel, coloque 1 colher de sopa do recheio,
feche com um garfo e corte no formato preferido.
Frite em óleo quente entre 180ºC e 200ºC.

Dica

Ao cozinhar os camarões,
coloque-os sempre em água já fervente,
pois, se colocados em água fria, eles perdem o sabor.
Pode-se também colocar 2 camarões
em cada pastel na hora de fechá-lo e garantir,
assim, a padronização dos pastéis.

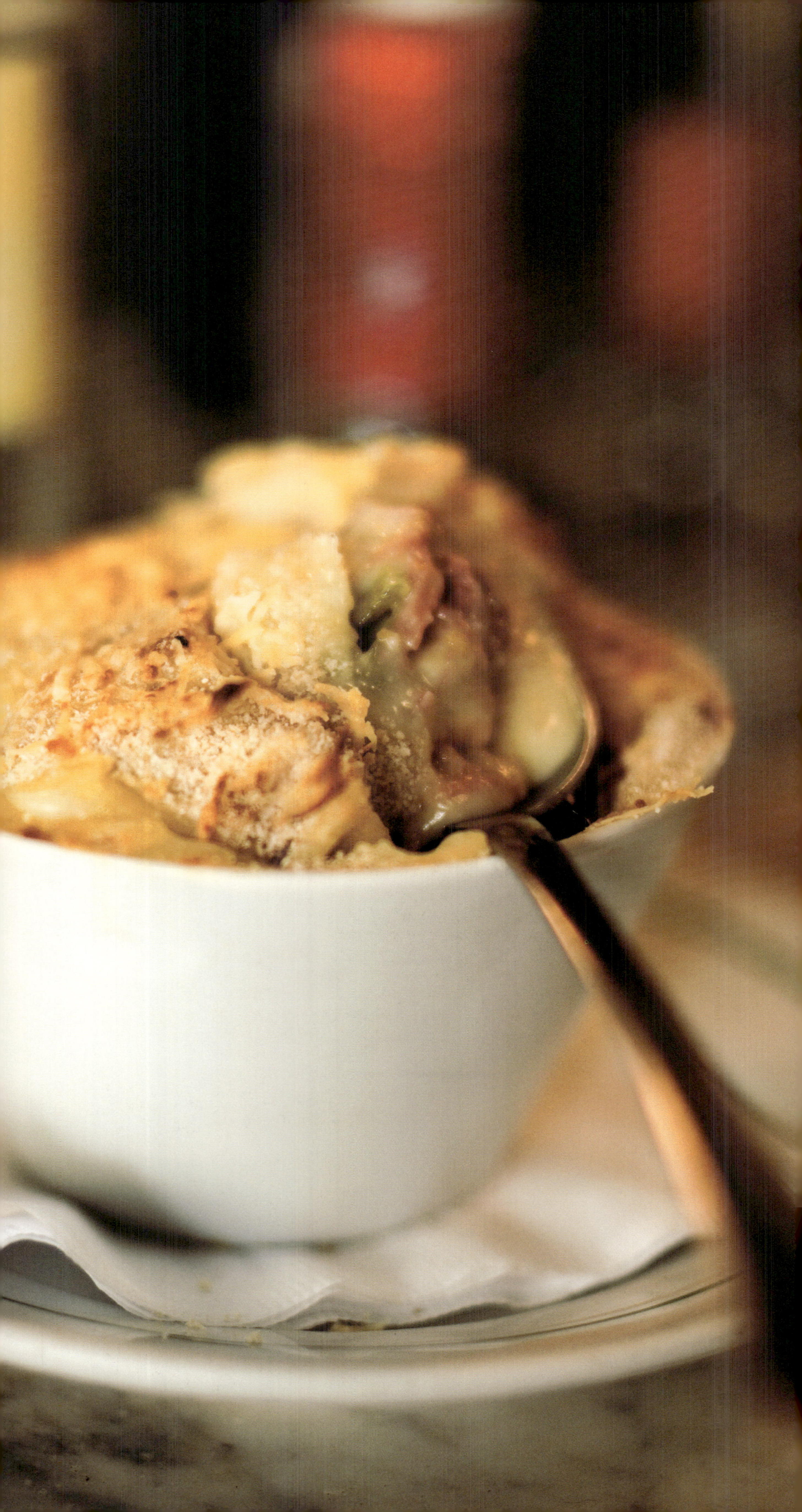

Escondidinho - de Carne-seca - Original

Rendimento
----
1 porção

Ingredientes
----
110 g de carne-seca
70 g de abóbora japonesa (cabochã) sem casca em cubos
30 g de couve-manteiga em tiras
1 dente de alho picado
30 g de cebola picada
2 colheres (sopa) de azeite de oliva
40 g de catupiry em pedaços
5 g de farinha de mandioca
80 g de purê de mandioca
20 g de queijo parmesão ralado grosso
sal e pimenta-do-reino moída na hora

Modo de Preparo

Dessalgue e cozinhe a carne-seca.
Corte em cubos médios e reserve.
Cozinhe separadamente
a abóbora e a couve-manteiga em água salgada.
Refogue o alho e a cebola no azeite.
Acrescente a abóbora, a couve, o catupiry,
a farinha de mandioca e, por último, a carne-seca.
Tempere com sal e pimenta-do-reino.
Misture bem para integrar os ingredientes.
Distribua essa mistura num recipiente refratário.
Cubra com o purê de mandioca e o queijo parmesão.
Gratine em forno preaquecido a 230ºC
por aproximadamente 10 minutos.

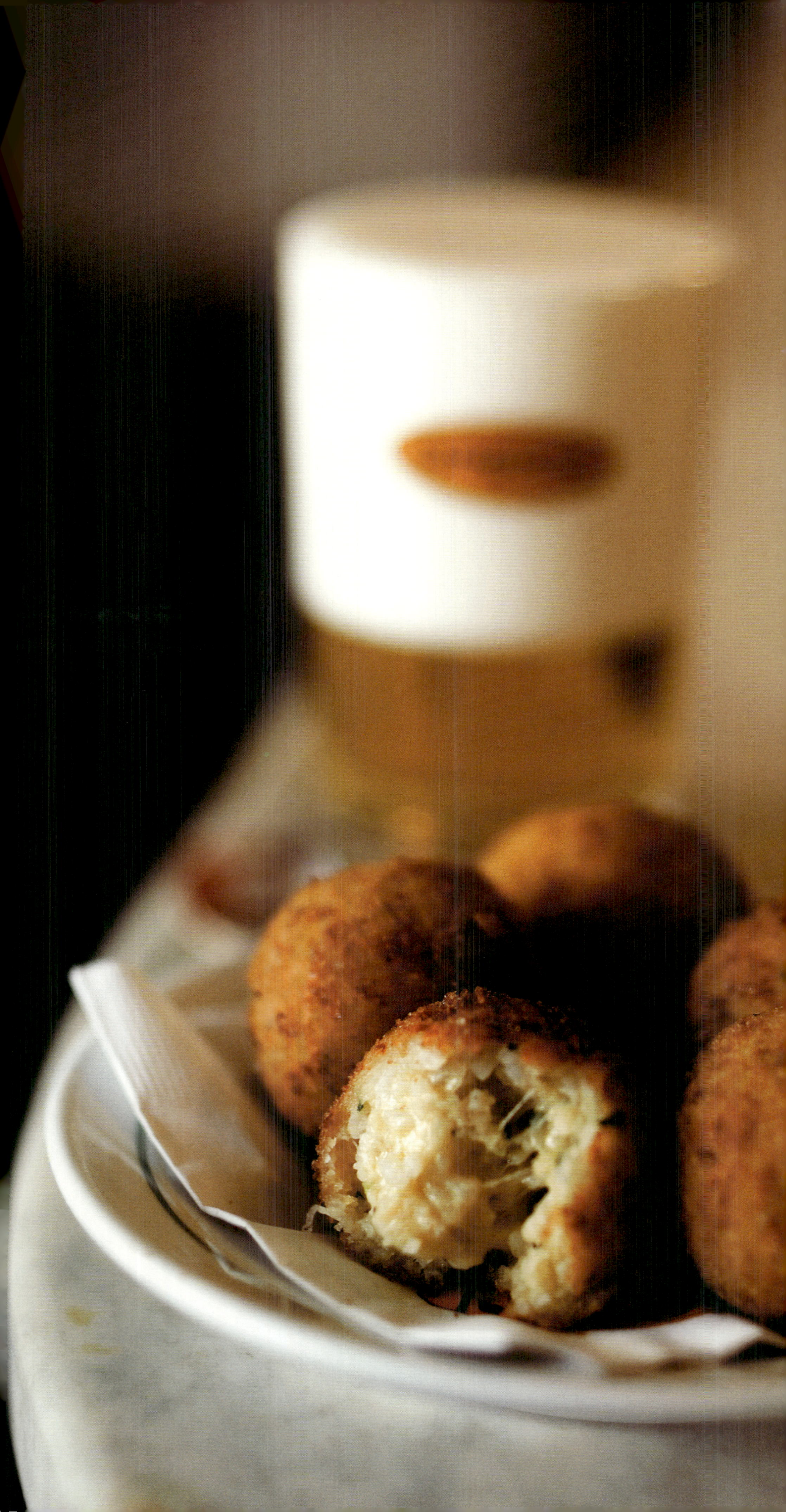

— Bolinho de Arroz — Original

Rendimento

10 bolinhos de 30 g cada

Ingredientes

250 g de arroz cozido
1 ovo
1 gema
25 g de queijo parmesão ralado
1 colher (sopa) de salsinha
1/2 colher (chá) de fermento em pó
1/2 colher (sopa) de leite
70 g de queijo provolone ralado
farinha de rosca para empanar
óleo para fritar
sal e pimenta-do-reino moída na hora

Modo de Preparo

Triture o arroz na máquina de moer carne ou no liquidificador.
Coloque numa tigela e acrescente o ovo, a gema,
o queijo parmesão, a salsinha, o fermento dissolvido no leite.
Tempere com sal e pimenta.
Faça bolinhas recheando com o provolone ralado
Passe na farinha de rosca e frite em óleo bem quente.
Escorra em papel absorvente.

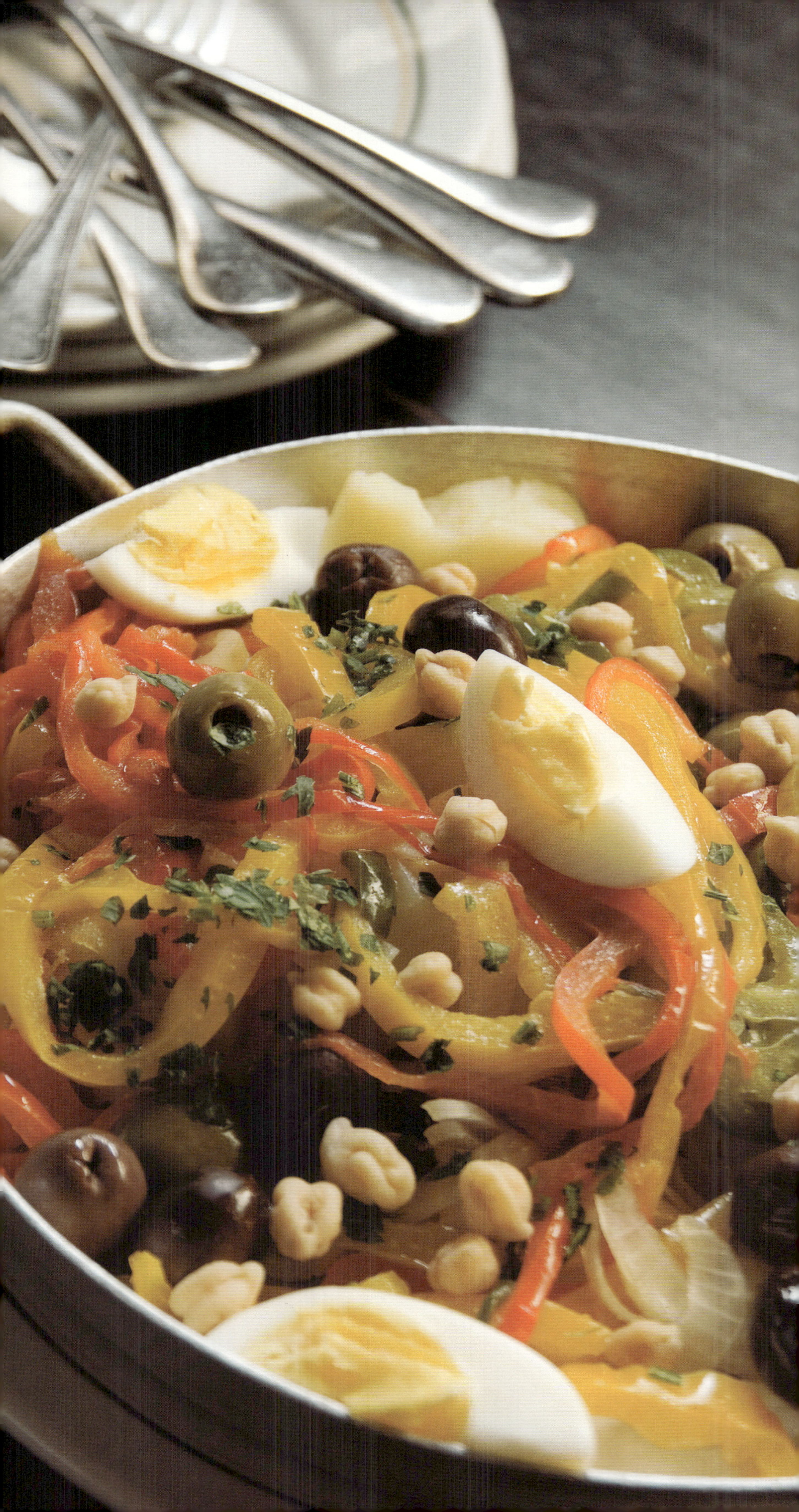

— Bacalhau ao — Forno

Rendimento
----
1 porção (para 2 pessoas)

Ingredientes
----
380 g de batata semicozida em fatias de 1 cm de altura
120 g de tomate em rodelas
400 g de bacalhau demolhado e cozido
70 g de pimentão amarelo sem semente em fatias
70 g de pimentão vermelho sem semente em fatias
50 g de pimentão verde sem semente em fatias
80 g de azeitona verde sem caroço
100 g de cebola em fatias
100 ml de azeite de oliva
30 g de grão-de-bico cozido
1 ovo cozido
sal e pimenta-do-reino moída na hora

Modo de Preparo

Num pergaminho (uma frigideira de alumínio com 2 alças)
de 24 cm de diâmetro, ou numa assadeira pequena,
coloque camadas alternadas de batata, tomate e bacalhau.
Misture a essas camadas, indistintamente,
as fatias de pimentão, a azeitona e a cebola.
A primeira e a última camadas devem ser de batata.
Tempere com sal e pimenta.
Cubra com azeite, salpique o grão-de-bico
e leve ao forno a 180°C coberto com papel-alumínio.
Asse até tudo estar cozido, isto é,
até os alimentos soltarem água e novamente secarem,
predominando ao final apenas o azeite. Na hora de servir,
corte o ovo ao meio e coloque no prato.

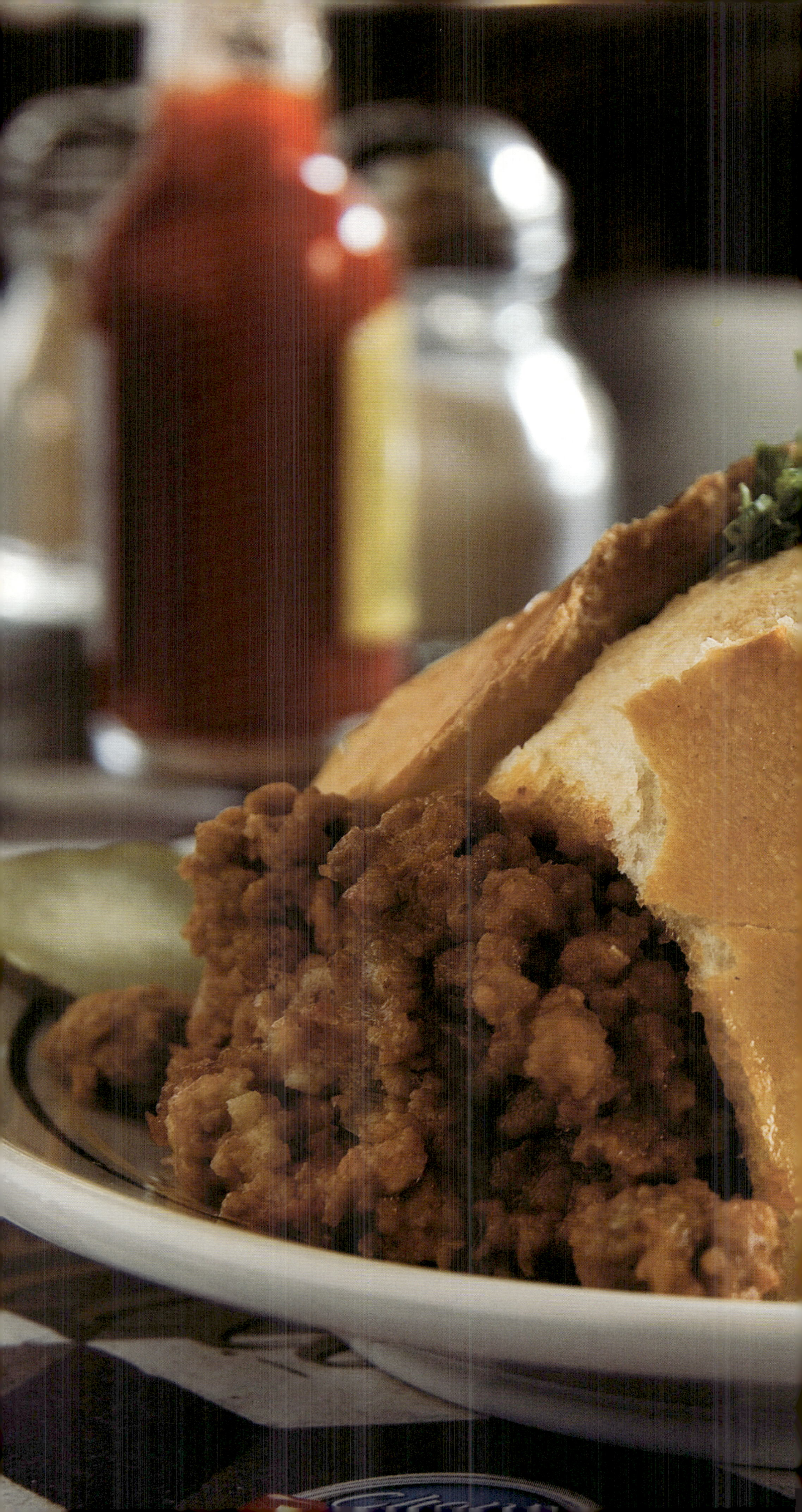

Buraco Quente

Rendimento

2 porções

Ingredientes

45 g de cebola picada
2 colheres (sopa) de óleo
110 g de carne suína moída
120 g de patinho moído
105 g de mussarela-cereja de búfala
40 ml de tomate pelado triturado
1 pão francês
sal e pimenta-do-reino moída na hora

Modo de Preparo

Numa frigideira, refogue a cebola no óleo
e frite as carnes até secar.
Acrescente a mussarela cortada em pedaços
e o molho de tomate pelado.
Deixe a mussarela derreter, mexendo sempre
Tempere com sal e pimenta.
Tire o miolo do pão sem cortá-lo
e coloque o recheio no pão inteiro.

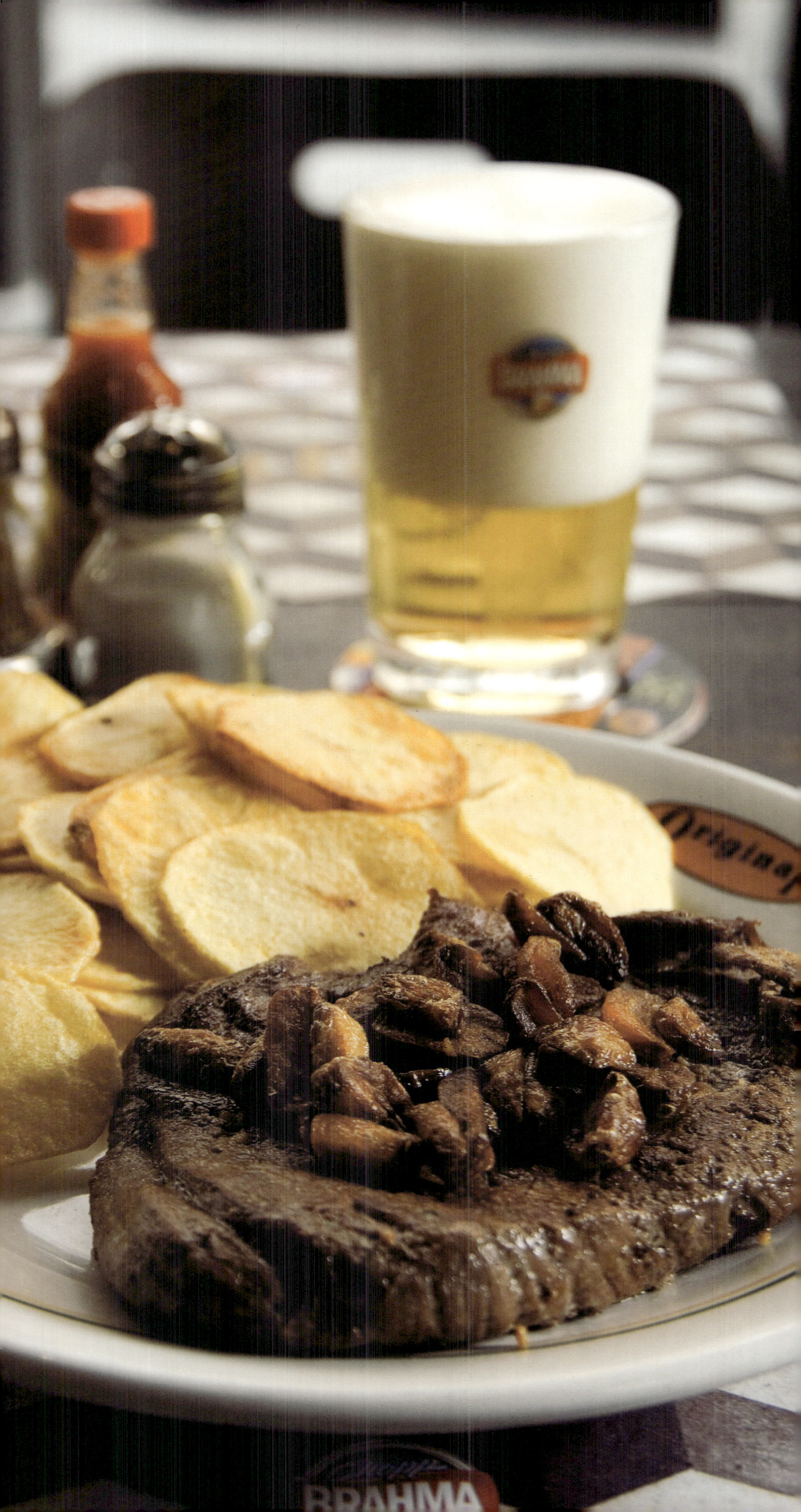
BRAHMA

- Filé à Moraes -

Rendimento
----
1 porção

Ingredientes
----
300 g de filé-mignon
50 ml de óleo
3 dentes de alho
60 g de agrião
sal e pimenta-do-reino moída na hora

Modo de Preparo

Tempere a carne com sal e pimenta
e frite em 30 ml de óleo.
Frite o alho no óleo restante
até ficar dourado.
Num prato, coloque o agrião e o filé
e finalize com o alho frito
sobre a carne.

Original

– Besteira à – Milanesa

Rendimento
----
12 unidades

Ingredientes
----
1 bife de filé-mignon de 160 g
1 xícara de farinha de rosca (feita com pão italiano)
2 ovos batidos no garfo
2 xícaras de óleo
4 fatias de queijo prato
2 fatias de pão de fôrma
salsinha picada
sal e pimenta-do-reino moída na hora

Modo de Preparo

Achate o filé com a parte lisa do martelo de carne até ficar fino.
Tempere com sal e pimenta-do-reino.
Passe na farinha, depois nos ovos batidos e na farinha novamente.
Aqueça o óleo e frite até dourar dos dois lados.
Escorra e corte em 12 pedaços.
Coloque as fatias de queijo sobre as fatias de pão,
leve ao forno preaquecido a 180°C
e deixe até o queijo começar a derreter.
Corte cada fatia em 6 pedaços
e coloque um pedaço de carne sobre cada pedaço de pão,
salpique com salsinha e sirva.

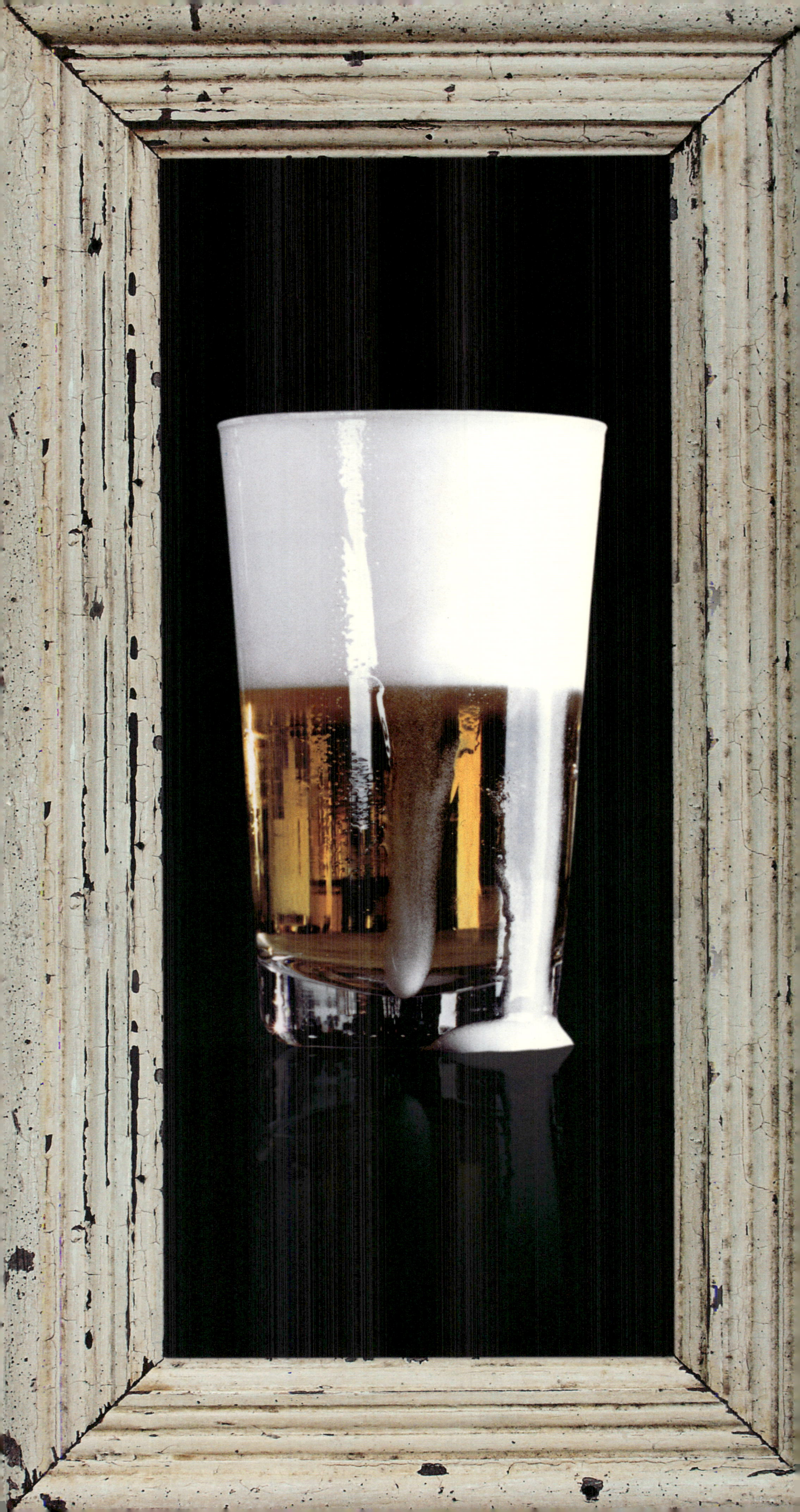

Os dez mandamentos do chope

1º Mandamento
O MELHOR PRODUTO

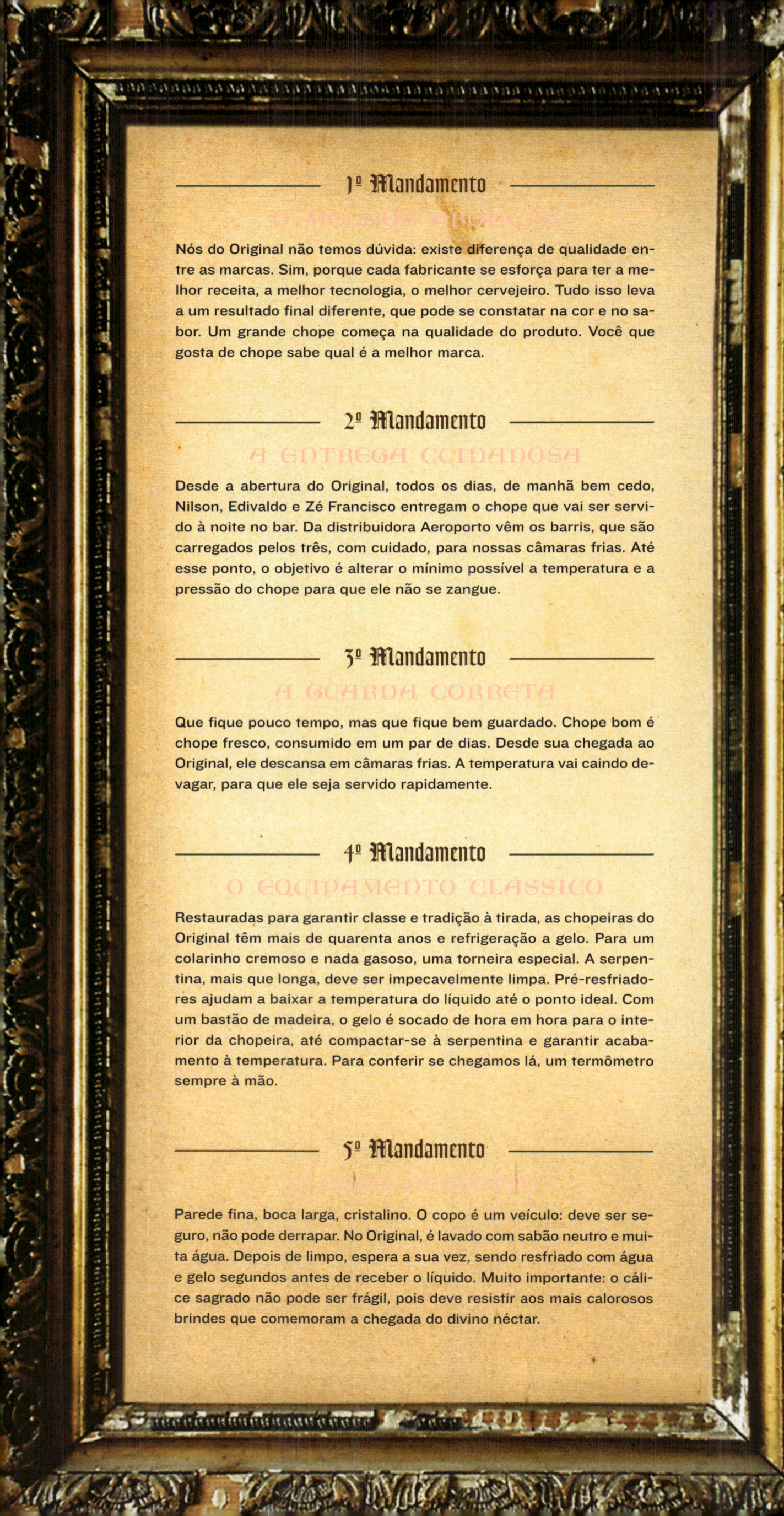

Nós do Original não temos dúvida: existe diferença de qualidade entre as marcas. Sim, porque cada fabricante se esforça para ter a melhor receita, a melhor tecnologia, o melhor cervejeiro. Tudo isso leva a um resultado final diferente, que pode se constatar na cor e no sabor. Um grande chope começa na qualidade do produto. Você que gosta de chope sabe qual é a melhor marca.

2º Mandamento
A ENTREGA CUIDADOSA

Desde a abertura do Original, todos os dias, de manhã bem cedo, Nilson, Edivaldo e Zé Francisco entregam o chope que vai ser servido à noite no bar. Da distribuidora Aeroporto vêm os barris, que são carregados pelos três, com cuidado, para nossas câmaras frias. Até esse ponto, o objetivo é alterar o mínimo possível a temperatura e a pressão do chope para que ele não se zangue.

3º Mandamento
A GUARDA CORRETA

Que fique pouco tempo, mas que fique bem guardado. Chope bom é chope fresco, consumido em um par de dias. Desde sua chegada ao Original, ele descansa em câmaras frias. A temperatura vai caindo devagar, para que ele seja servido rapidamente.

4º Mandamento
O EQUIPAMENTO CLÁSSICO

Restauradas para garantir classe e tradição à tirada, as chopeiras do Original têm mais de quarenta anos e refrigeração a gelo. Para um colarinho cremoso e nada gasoso, uma torneira especial. A serpentina, mais que longa, deve ser impecavelmente limpa. Pré-resfriadores ajudam a baixar a temperatura do líquido até o ponto ideal. Com um bastão de madeira, o gelo é socado de hora em hora para o interior da chopeira, até compactar-se à serpentina e garantir acabamento à temperatura. Para conferir se chegamos lá, um termômetro sempre à mão.

5º Mandamento
O CÁLIX PERFEITO

Parede fina, boca larga, cristalino. O copo é um veículo: deve ser seguro, não pode derrapar. No Original, é lavado com sabão neutro e muita água. Depois de limpo, espera a sua vez, sendo resfriado com água e gelo segundos antes de receber o líquido. Muito importante: o cálice sagrado não pode ser frágil, pois deve resistir aos mais calorosos brindes que comemoram a chegada do divino néctar.

6º Mandamento
O CHOPEIRO VIAJEIRO

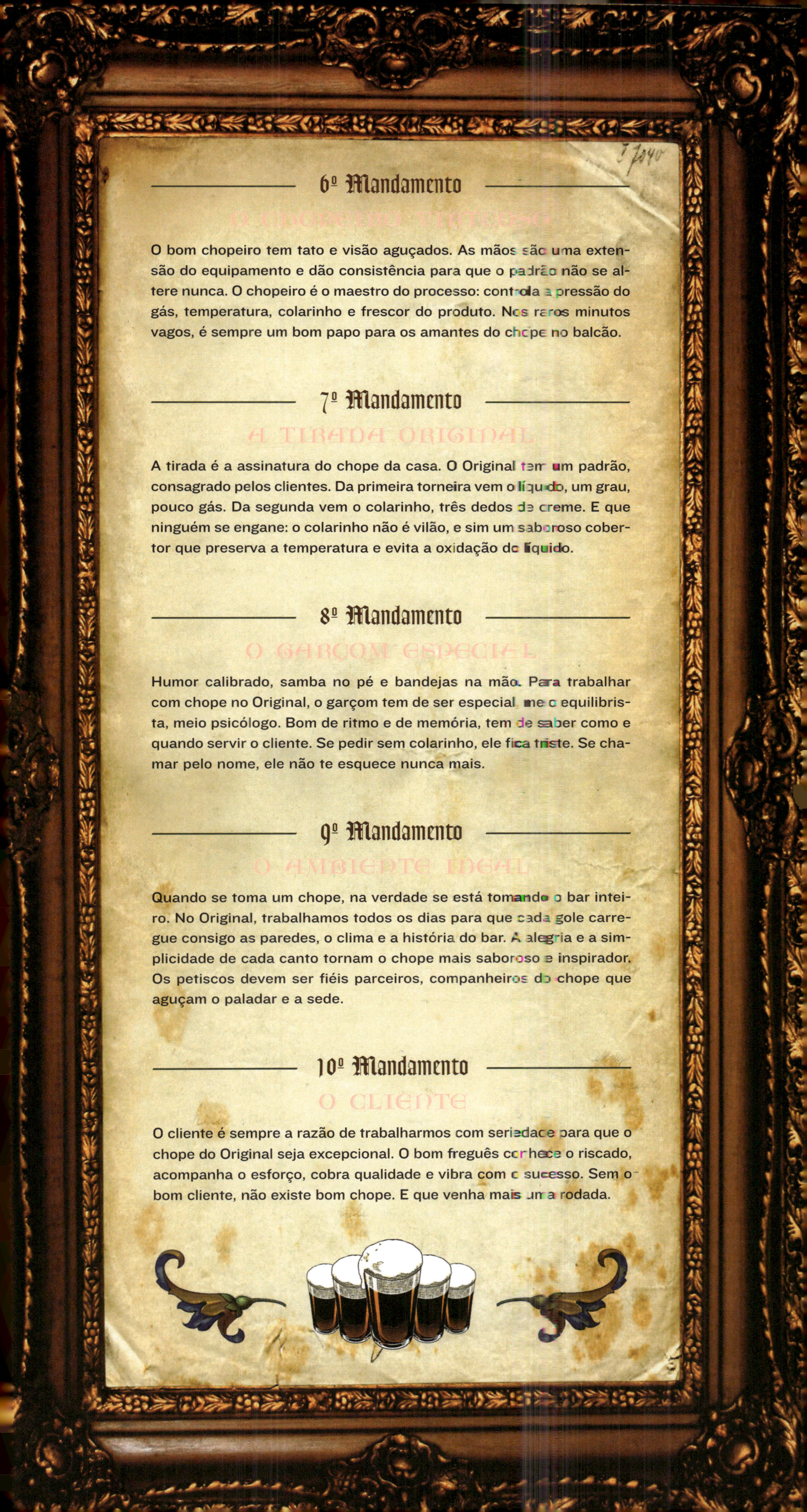

O bom chopeiro tem tato e visão aguçados. As mãos são uma extensão do equipamento e dão consistência para que o padrão não se altere nunca. O chopeiro é o maestro do processo: controla a pressão do gás, temperatura, colarinho e frescor do produto. Nos raros minutos vagos, é sempre um bom papo para os amantes do chope no balcão.

7º Mandamento
A TIRADA ORIGINAL

A tirada é a assinatura do chope da casa. O Original tem um padrão, consagrado pelos clientes. Da primeira torneira vem o líquido, um grau, pouco gás. Da segunda vem o colarinho, três dedos de creme. E que ninguém se engane: o colarinho não é vilão, e sim um saboroso cobertor que preserva a temperatura e evita a oxidação do líquido.

8º Mandamento
O GARÇOM ESPECIAL

Humor calibrado, samba no pé e bandejas na mão. Para trabalhar com chope no Original, o garçom tem de ser especial, meio equilibrista, meio psicólogo. Bom de ritmo e de memória, tem de saber como e quando servir o cliente. Se pedir sem colarinho, ele fica triste. Se chamar pelo nome, ele não te esquece nunca mais.

9º Mandamento
O AMBIENTE IDEAL

Quando se toma um chope, na verdade se está tomando o bar inteiro. No Original, trabalhamos todos os dias para que cada gole carregue consigo as paredes, o clima e a história do bar. A alegria e a simplicidade de cada canto tornam o chope mais saboroso e inspirador. Os petiscos devem ser fiéis parceiros, companheiros do chope que aguçam o paladar e a sede.

10º Mandamento
O CLIENTE

O cliente é sempre a razão de trabalharmos com seriedade para que o chope do Original seja excepcional. O bom freguês conhece o riscado, acompanha o esforço, cobra qualidade e vibra com o sucesso. Sem o bom cliente, não existe bom chope. E que venha mais uma rodada.

Original

SERVIÇO NÃO INCLUÍDO

Saideira

Você acaba de ler um belo livro.

Mas, por mais apetitosa que tenha sido essa leitura, ela certamente lhe proporcionou menos prazer do que algumas poucas horas em qualquer um dos bares aqui citados poderiam lhe proporcionar. Portanto, se você leu este livro no aconchego do lar, perdeu alguns momentos preciosos do aconchego do bar.

Recomendo que, em respeito e homenagem à sólida formação intelectual do autor, o brasileiro Nirlando Beirão, você, neste instante, se recorde de outro grande escritor, o francês Marcel Proust, e vá "em busca do tempo perdido".

Saúde!

— WASHINGTON OLIVETTO

Se você tem namorada
beba uma Brahma
para festejar.
ÁGUA ENFERRUJA.
BRAHMA CHOPP
Que coisa boa
é beber
BRAHMA Chopp
BRAHMA CHOPP
ENGARRAFADO
Brahma
As cervejas da
BRAHMA
são as
melhores
Atenção:
Em caso de
mau humor,
tire a
tampinha.
Filho que é bom.

Se não tem, beba uma caixa para esquecer.

melhor da Festa!

Pois é, Brahma Chopp em lata.

Sempre na Ponta! Cervejas da Brahma que são as melhores.

Solte umas Brahmas no dia de São João.

Cervejas da Brahma

GARRAFADO!

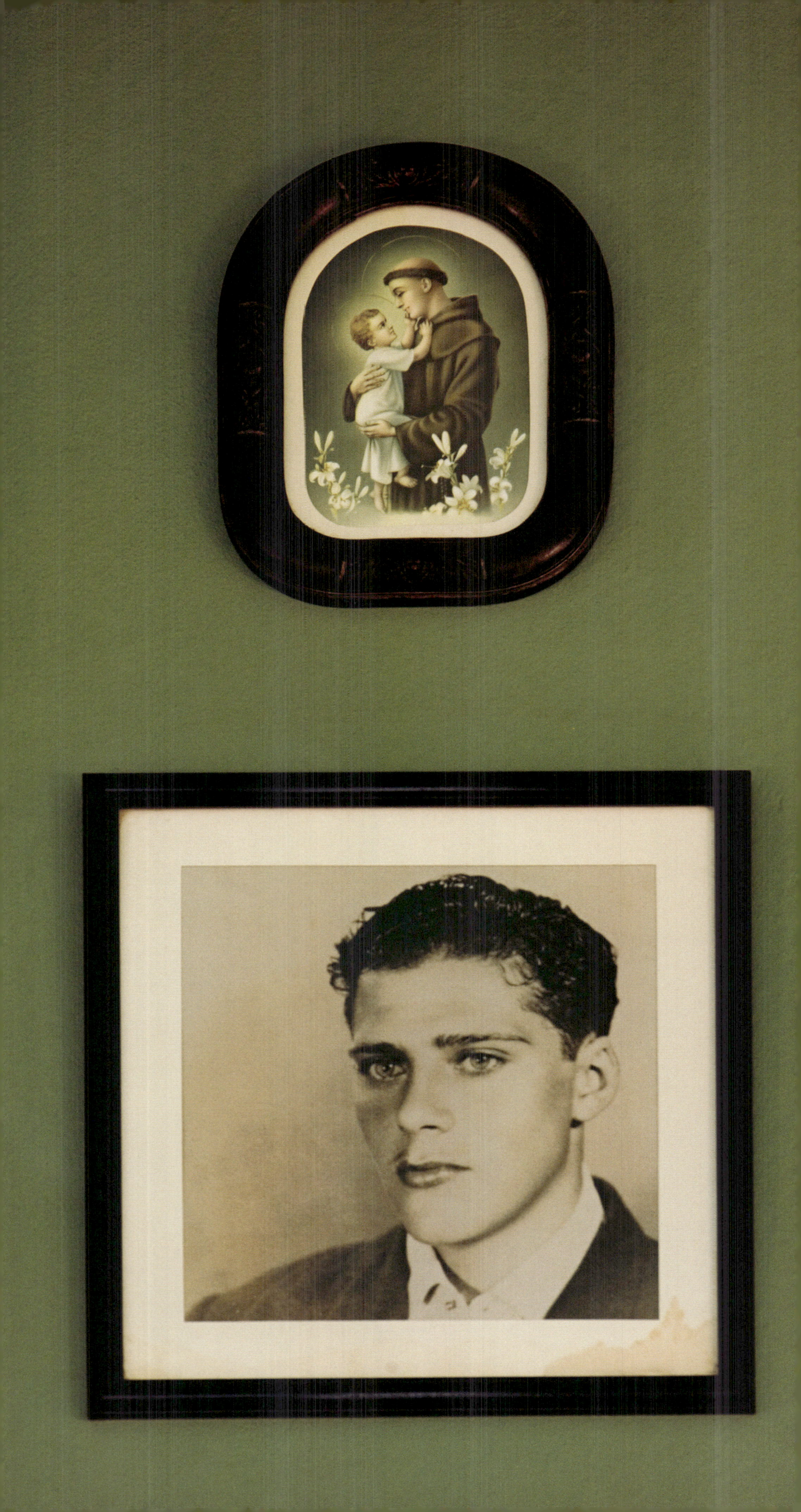

Uma lembrança

❈

Do seu Antônio,
que nos legou o cinqüentenário armazém,
palco de sua vida e
cenário do nosso sonho.

MANHÃ | TARDE | EXTRA

Agradecimentos

❊

Aos nossos clientes, familiares, amigos, parceiros, fornecedores,
chopeiros, garçons, cozinheiros, porteiros, enfim,
a todos que nesses últimos onze anos bateram cartão
no nosso pequeno templo e escreveram
seus capítulos particulares na história do Original,
o mais comum dos bares.

Este livro contou com o apoio de:

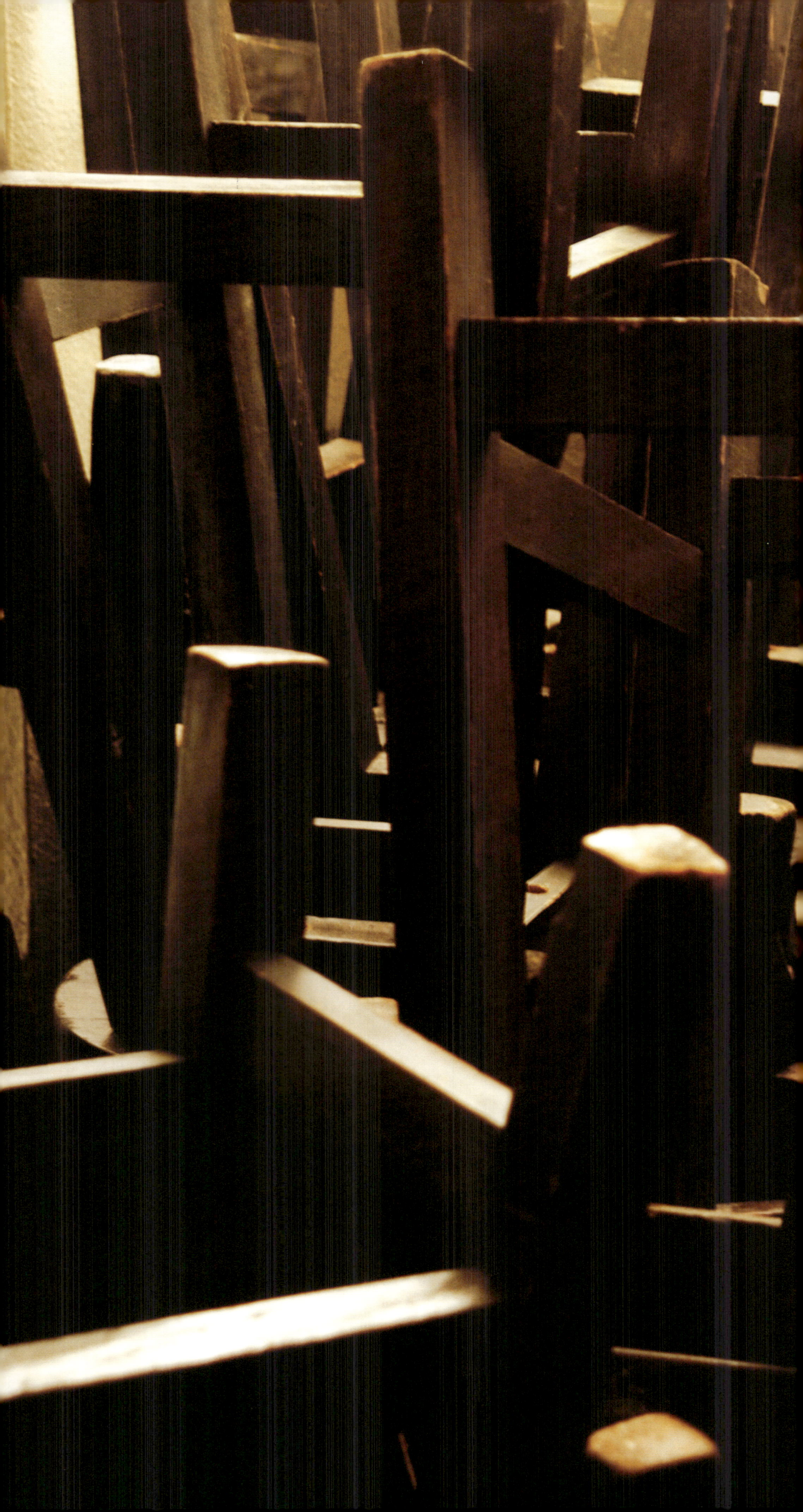

Créditos fotográficos

❊

Acervo Ambev
páginas 128-9

Acervo Bar Bracarense
página 63

Acervo Bar Jobi
página 60

Acervo Bar Original
páginas 24-5, 39

Agência O Globo
página 55

Christian Parente
páginas 18-9, 39, 43, 52, 98, 122

Corbis/Latin Stock
páginas 67-8, 76, 84

Eduardo Albarello
páginas 8, 16-7, 27, 40, 101-2

Getty Images
páginas 36, 71-5, 79-83, 87-91

Acervo Iconographia
páginas 35, 55-9

Romulo Fialdini
*páginas 1-7, 11-5, 20-2, 28-31,
44-51, 92-7, 104-20, 126, 130-4*

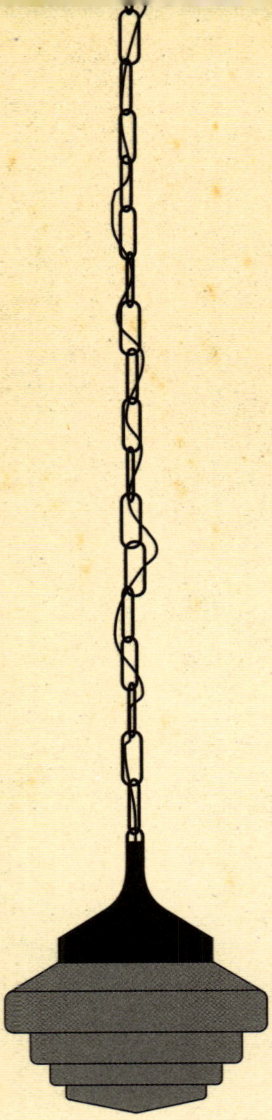

Dados Internacionais de Catalogação na Publicação (CIP)
(Câmara Brasileira do Livro, SP, Brasil)

Original : histórias de um bar comum / Washington Olivetto, aperitivo & saideira ; Nirlando Beirão, texto ; Romulo Fialdini, fotos. – São Paulo : DBA Artes Gráficas, 2007.

Vários colaboradores.
ISBN 978-85-7234-369-5

1. Bares - São Paulo (SP) - História 2. Botequins 3. Original (Bar) - São Paulo (SP) - História I. Olivetto, Washington. II. Beirão, Nirlando. III. Fialdini, Romulo.

07-9593   CDD-647.9581611

Índices para catálogo sistemático:
1. Original : Bares : São Paulo : Cidade : História   647.9581611

Composto em tipos Clearface,
desenhados em 1970 por Victor Caruso
para a International Typeface Corporation,
a partir do projeto original de 1907
de Morris Fuller Benton.

Original

O mais comum dos bares.

Rua Graúna, 137, Moema
Tel.: (11) 5093-9486
São Paulo · SP · Brasil
www.baroriginal.com.br